4, Julio, 2018

Con cariño para ti

de Olive

# Quiet paths

# QUIET PATHS.

We already knew about that, however, it is necessary to remember; not every walk goes towards Rome…

*Quiet paths*, walks through forests, seaside paths.Traces that began some decades ago, good for the mind and the soul. And the photography as something for watching beauties.

We never get tired of having hope, from the late sunrise to the early sunset.

Each path has its own rule. It is an unknown trace and nice. There are lots of walks, one after one; they talk us about their own life.

You will rest in a warm corner, and will remember how long was the way, the silence walk. The light walks silently.

Because you have always enjoyed the sunset light, you will go on your path. You will walk down the way and you will look like a poet in black & white.

Walks around forests and oceans, calm and nice, as every dreamer is waiting for its moment.

And Rome is waiting for us.

Cádiz,August,2016.

**Fernando Portillo Guzmán**.
Free lance photographer.
Art History PhD.

# QUIET PATHS.

Ya lo sabíamos pero, de tarde en tarde, conviene recordarlo; no todos los caminos conducen a Roma…

*Quiet paths*, cual caminos de los bosques, cual marismeñas veredas, cual senderos en las orillas, cual pistas del desierto, cual oceánicas sendas. Trazos comenzados décadas atrás y aún latentes, vivos en cada paso o en cada página, útiles para el fresco intelecto y reparadores de todo espíritu libre. Y el papel eterno (ya en unos y ceros), de soporte.

Tal vez todo esto, tamaño pedestre embrollo, comenzara con el libro del maestro **Friedrich Schlegel**, *Poesía y filosofía* (1800). Sin solución de continuidad, puede que "se asentara" con otro libro compilado del maestro **Martin Heidegger**, *Caminos de bosque* (1935-1946). O puede que no; quién podría asegurarlo a ciencia incierta. Del texto complejo a la límpida imagen sólo cabe un fugaz pestañeo o un despreocupado *déjà vu*. Pulcras imágenes en densos negros, neutros grises y blancos purificados, desde la difusa poética y los pensamientos vagos; qué más puede esperarse de un artista a tiempo incompleto. Nunca nos cansamos de tener esperanzas, desde el tardío amanecer hasta el ocaso tempranero. Jugamos, cual desobedientes infantes, a la tozudez combativa de emplearnos a fondo en esfuerzos vacuos pero de níveas intenciones. Nos gusta jugar siempre y disfrutamos con cada afanada partida, perdámosla o victoriosos salgamos. Es como si a un pianista de jazz, acompañado de sus dos mejores amigos del alma y del espacio (al contrabajo y a la batería, respectivamente), se le fueran las manos y comenzara a interpretar boleros a ritmo de sinfonía inacabada. Sus acompañantes, atónitos, le sonríen pero no alcanzan a entender de qué va la acompasada parrafada. Le siguen, sin alcanzarle. Y juegan a mantener el compás, dando dubitativas pataditas al tablao que sostiene todo el tinglado. Pues ya sabemos qué dice el aserto por excelencia de los teatros del mundo: el espectáculo debe continuar. O, raudos, echar el blindado telón ante la tomatada que avecinarse pueda. Sólo son esperanzas de jugar, de seguir jugando con nuestros chismes favoritos, al fin y al cabo eso nos divierte. A cada paso y en cada camino.

Cada camino marca sus propias reglas de juego. Trátase de un trazado desconocido pero sorpresivo y motivador; los pasos no dejan de sucederse, de mostrar su tiempo propio, cual marchadores olímpicos en busca de un record tras cincuenta kilómetros de cansino sufrimiento.

En todo sufrimiento siempre lucharás y algunas batallas vencerás. Descansarás en un rincón templado y recordarás cuan larga fue la
marcha, la travesía vital, el paseo silencioso. Al paso sonoro de la luz. De las penumbras del alma al enriquecimiento del intelecto, en un saltito.

Y como toda aficionada a la plateada luz del atardecer, continuarás en tu sendero. Caminarás con rumbo predeterminado y desearás convertirte en una selecta poetisa del siseo, sin duda, en blanco y negro. Senderos de gloria y, al fin, retomarás las riendas de tus sueños. Pues Roma nos aguarda, siempre, con los brazos abiertos.

Caminos de los bosques, de las marismas y de los océanos; tranquilos y pacíficos, cual merece toda soñadora…

*Cádiz, Agosto del 2016.*

**Fernando Portillo Guzmán**.
Fotógrafo. *Free lance photographer*.
Doctor en Historia del Arte. *Art History PhD*.

# Fotografías

# Photographs

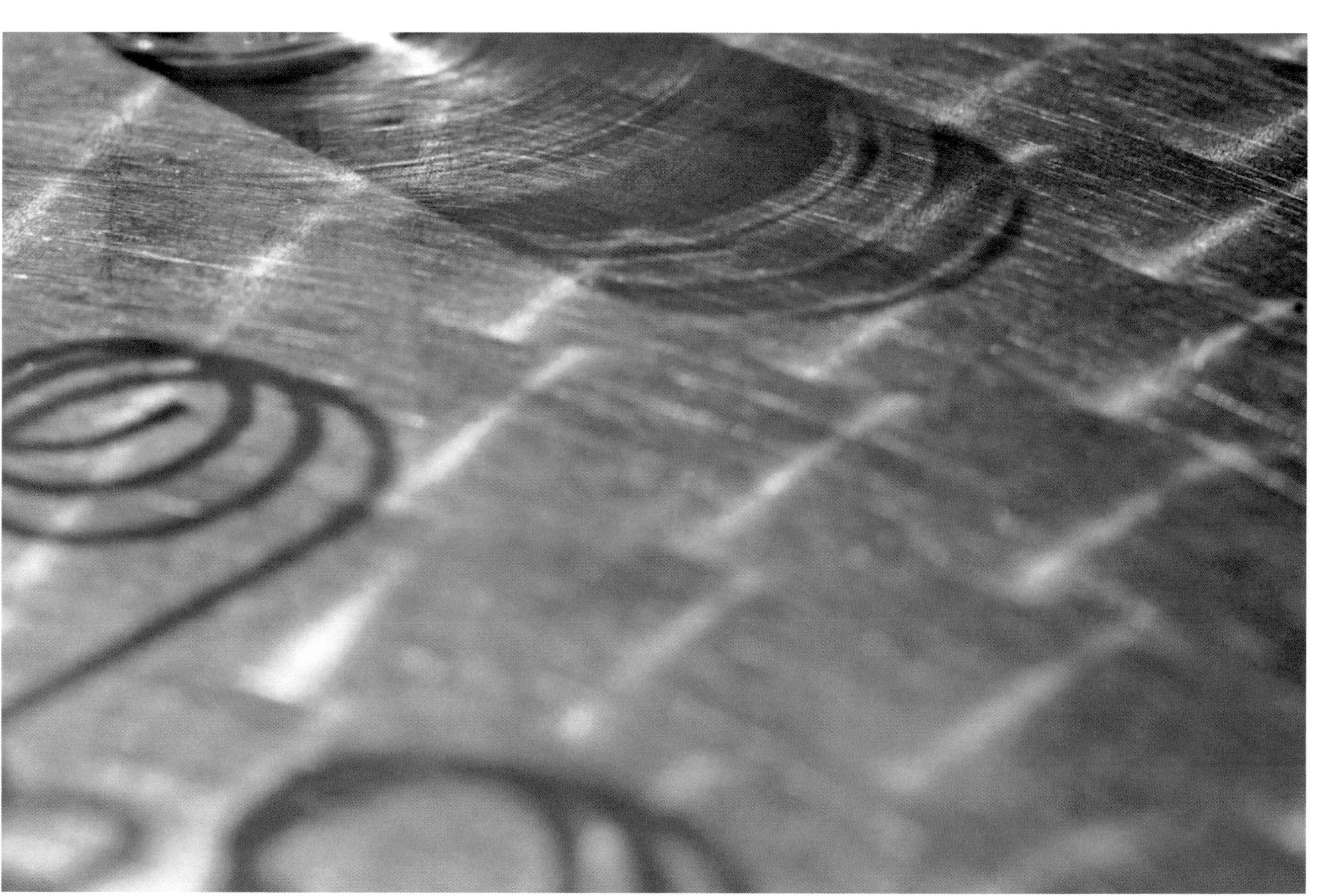

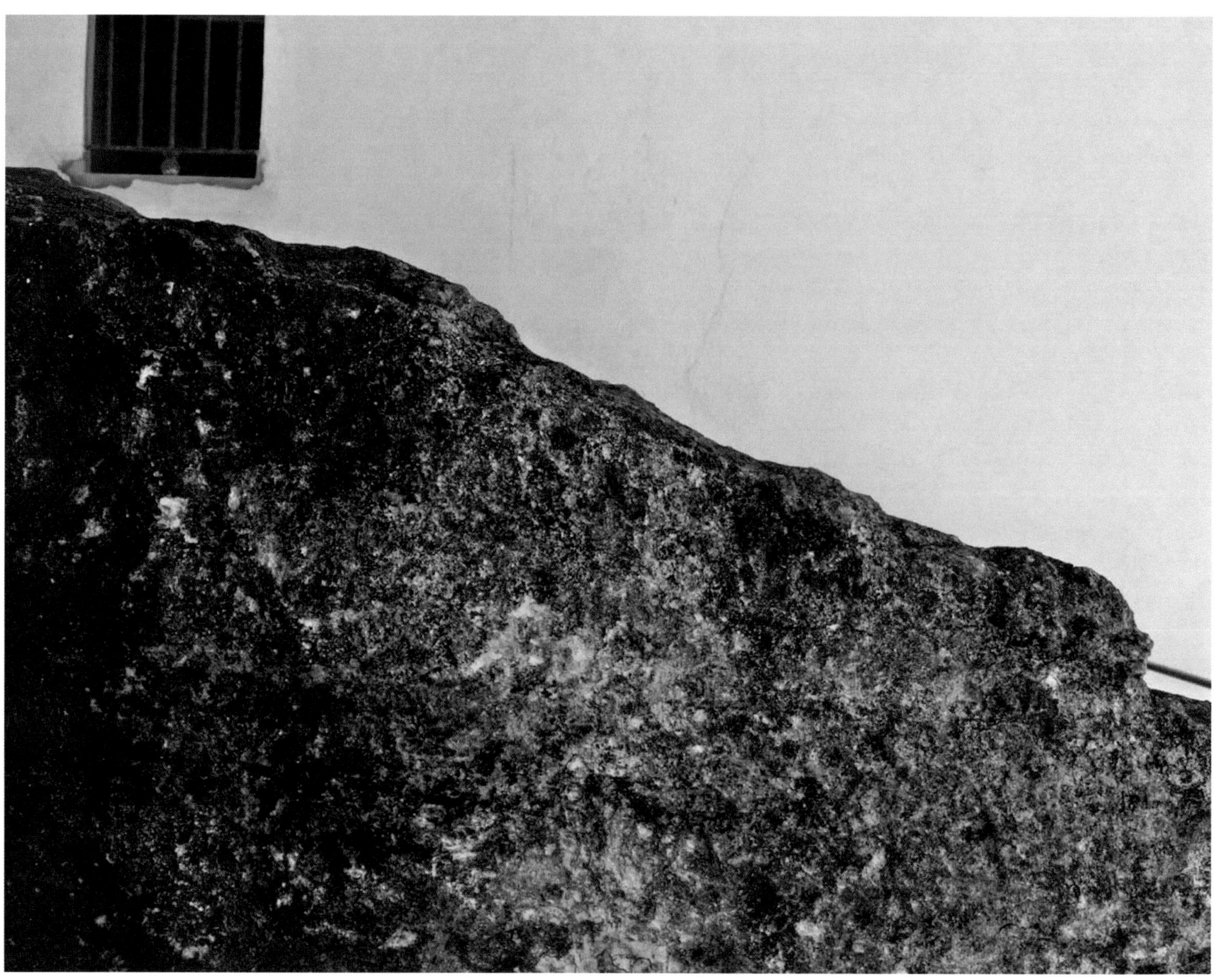

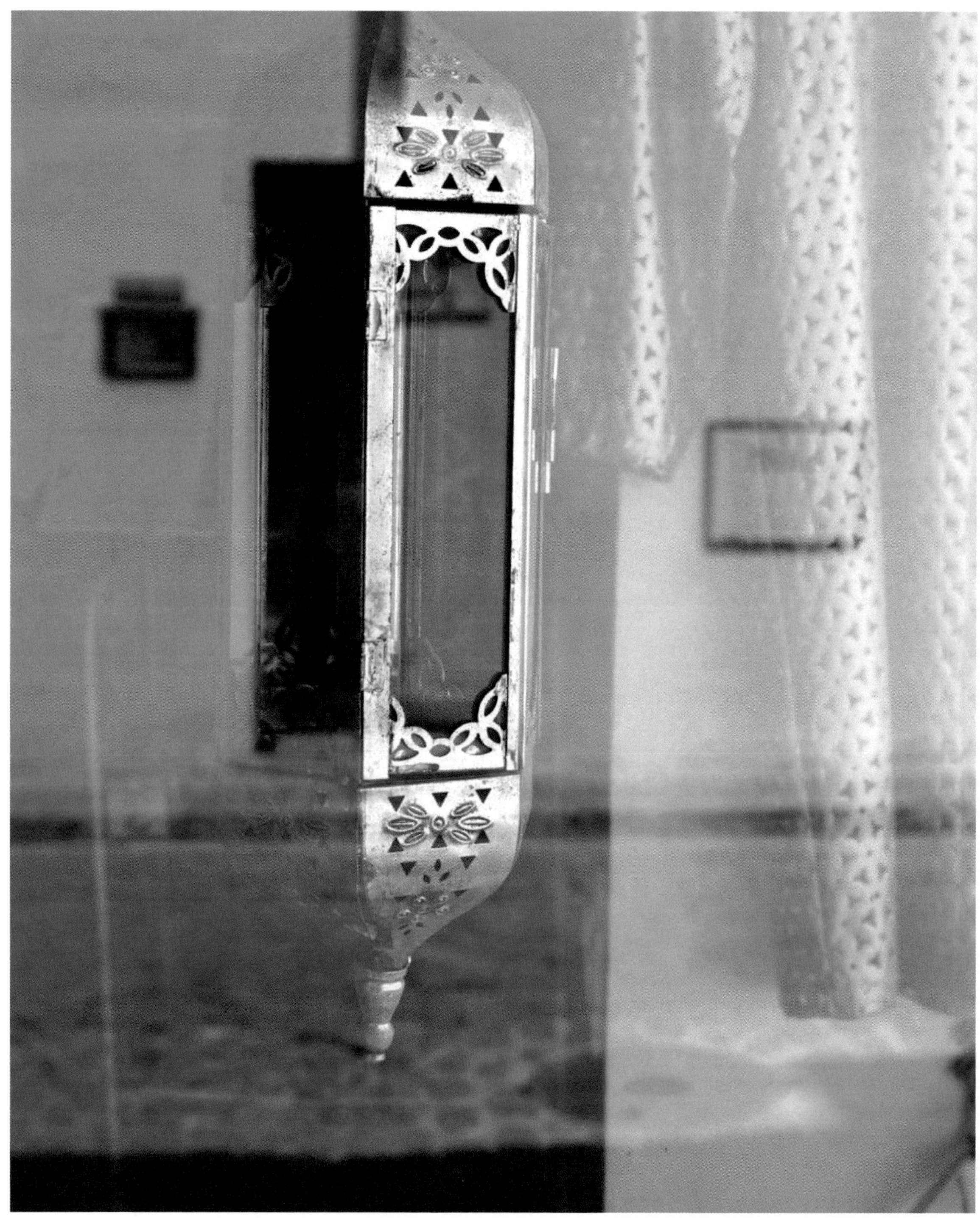

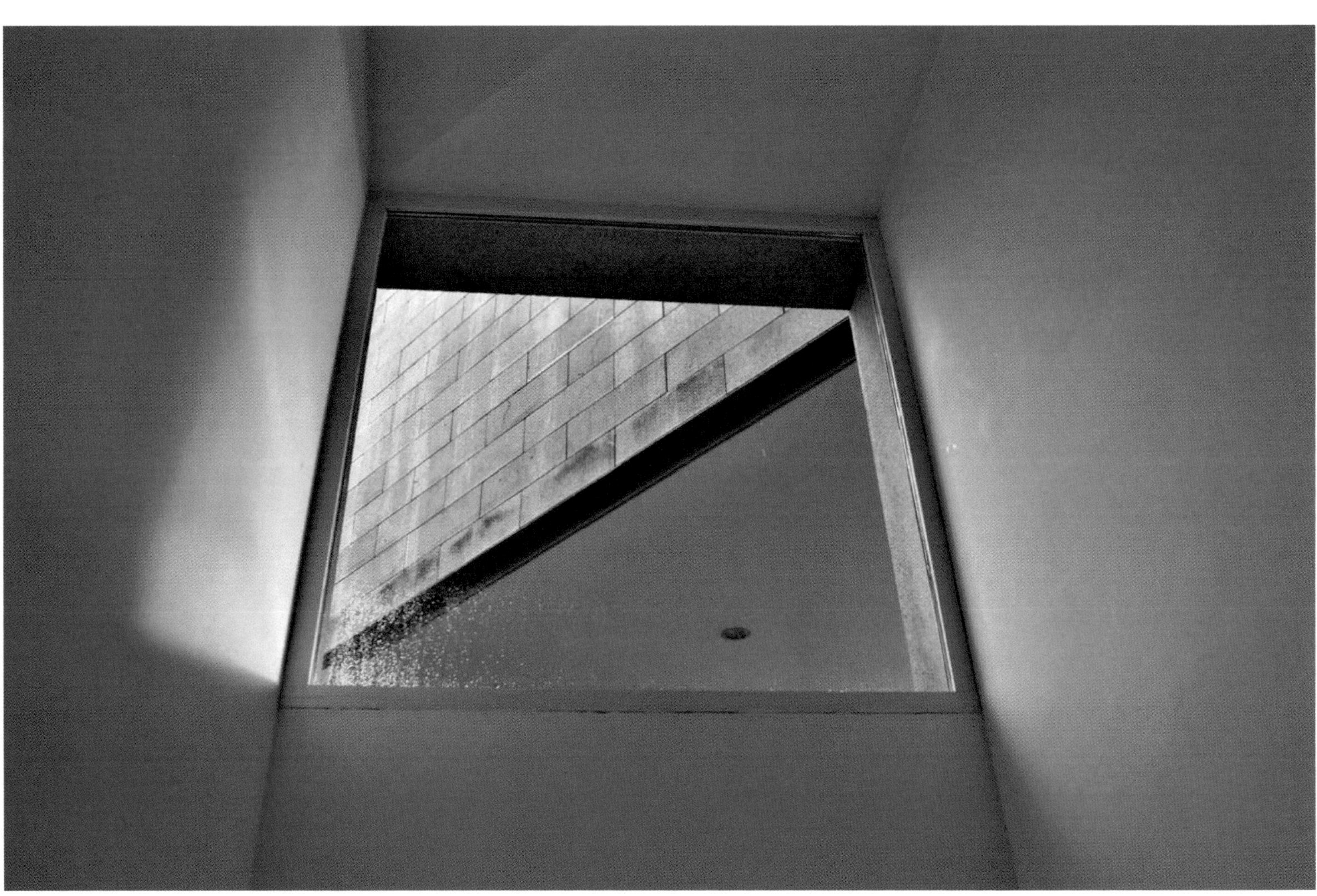

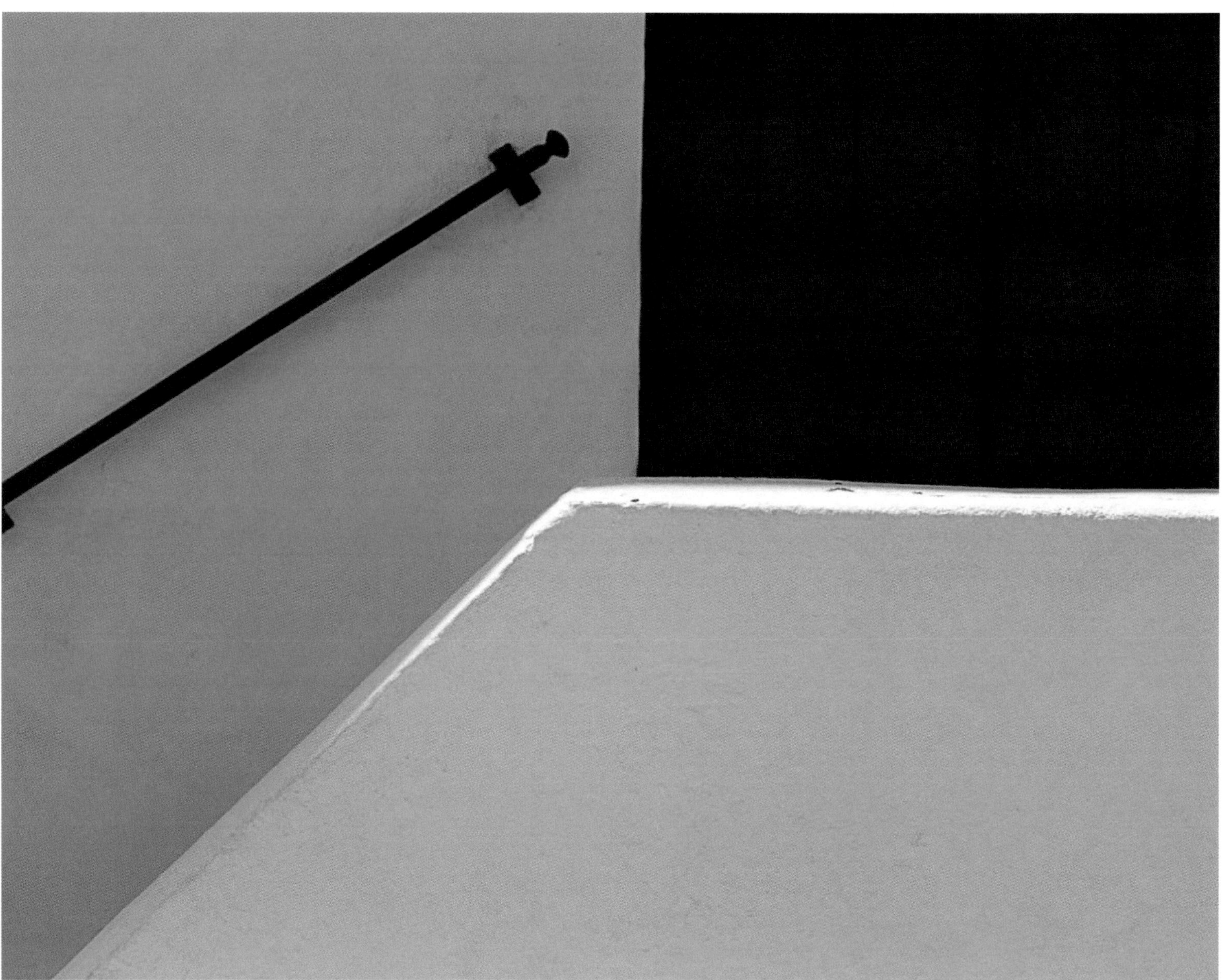

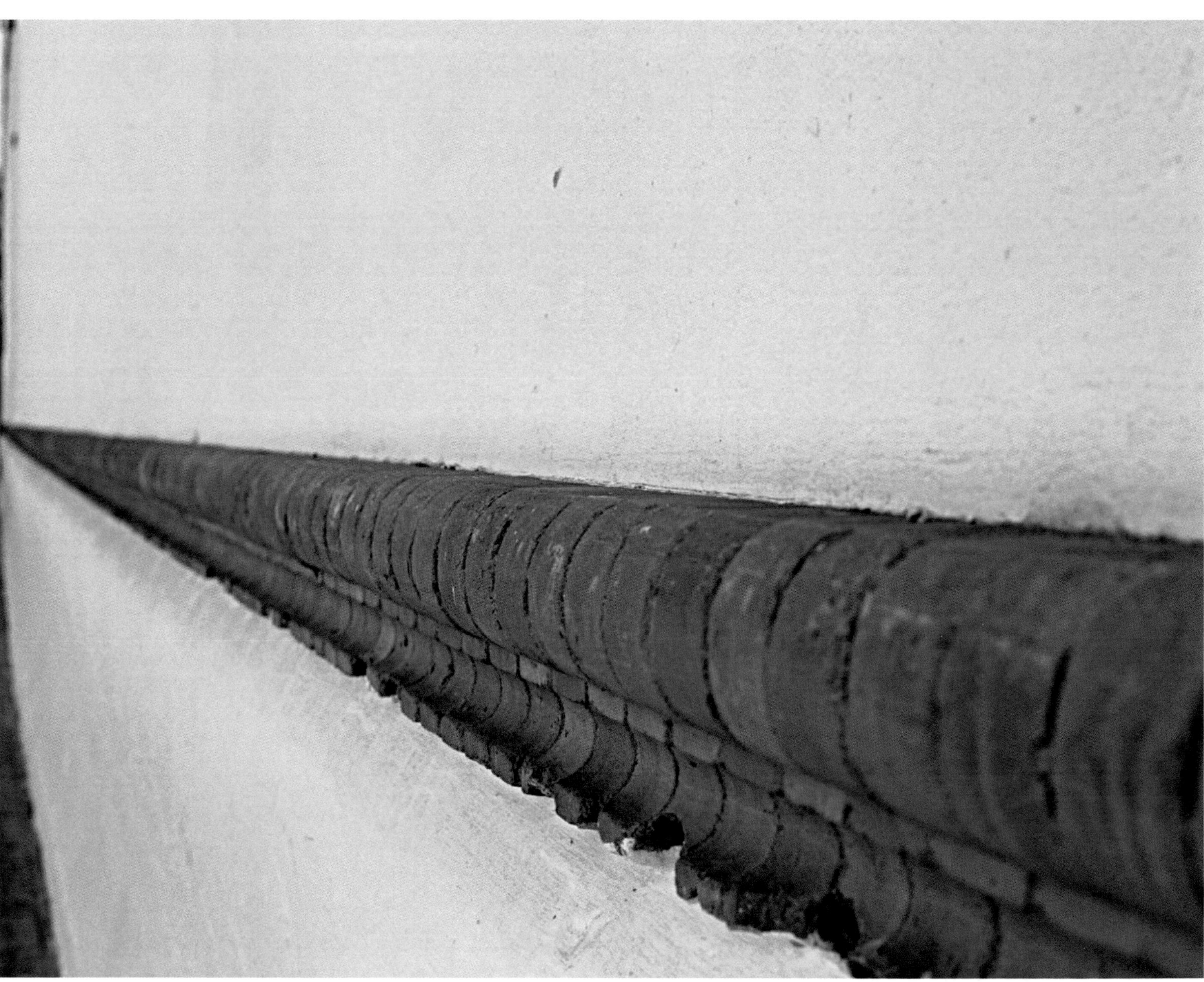

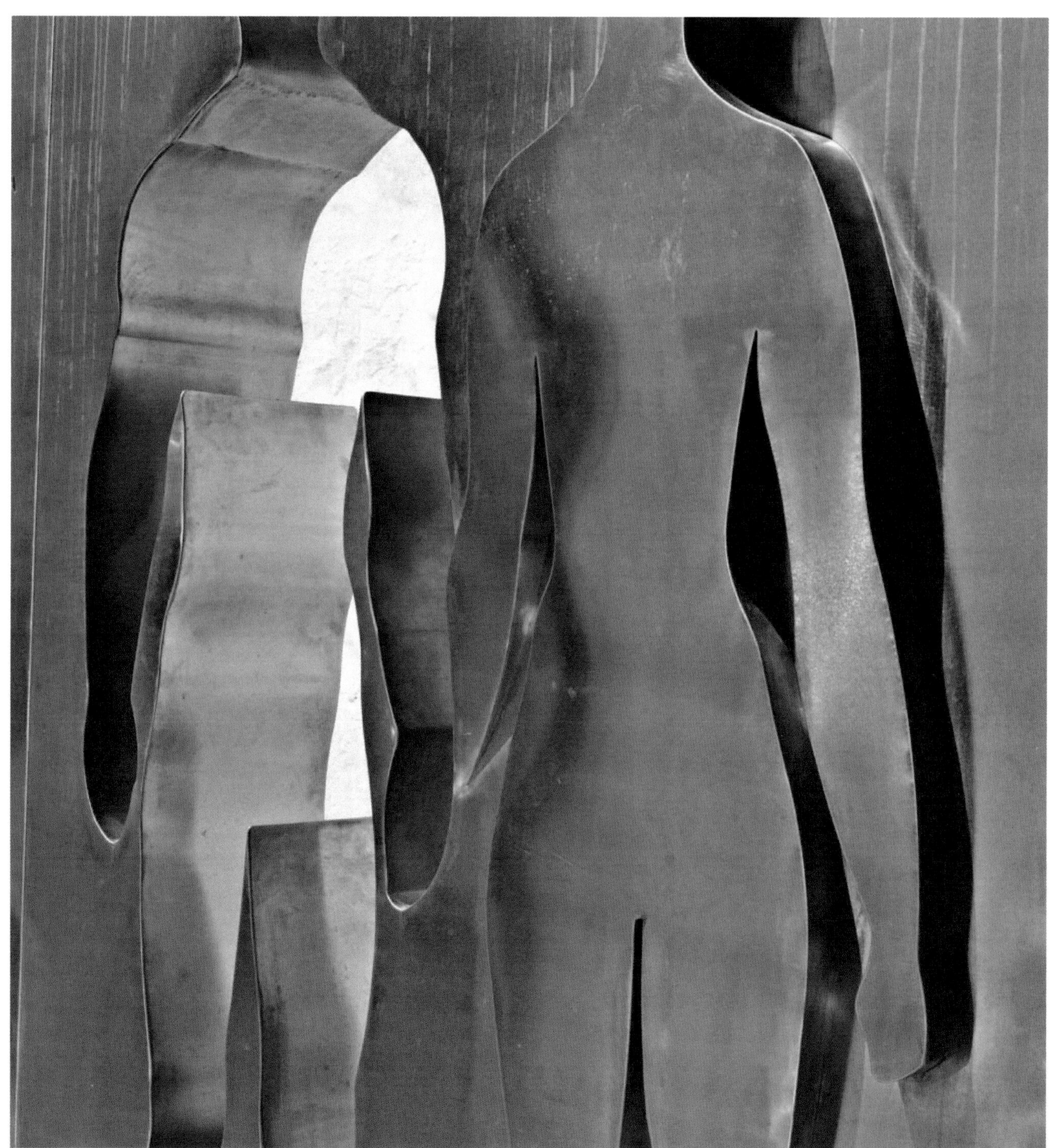

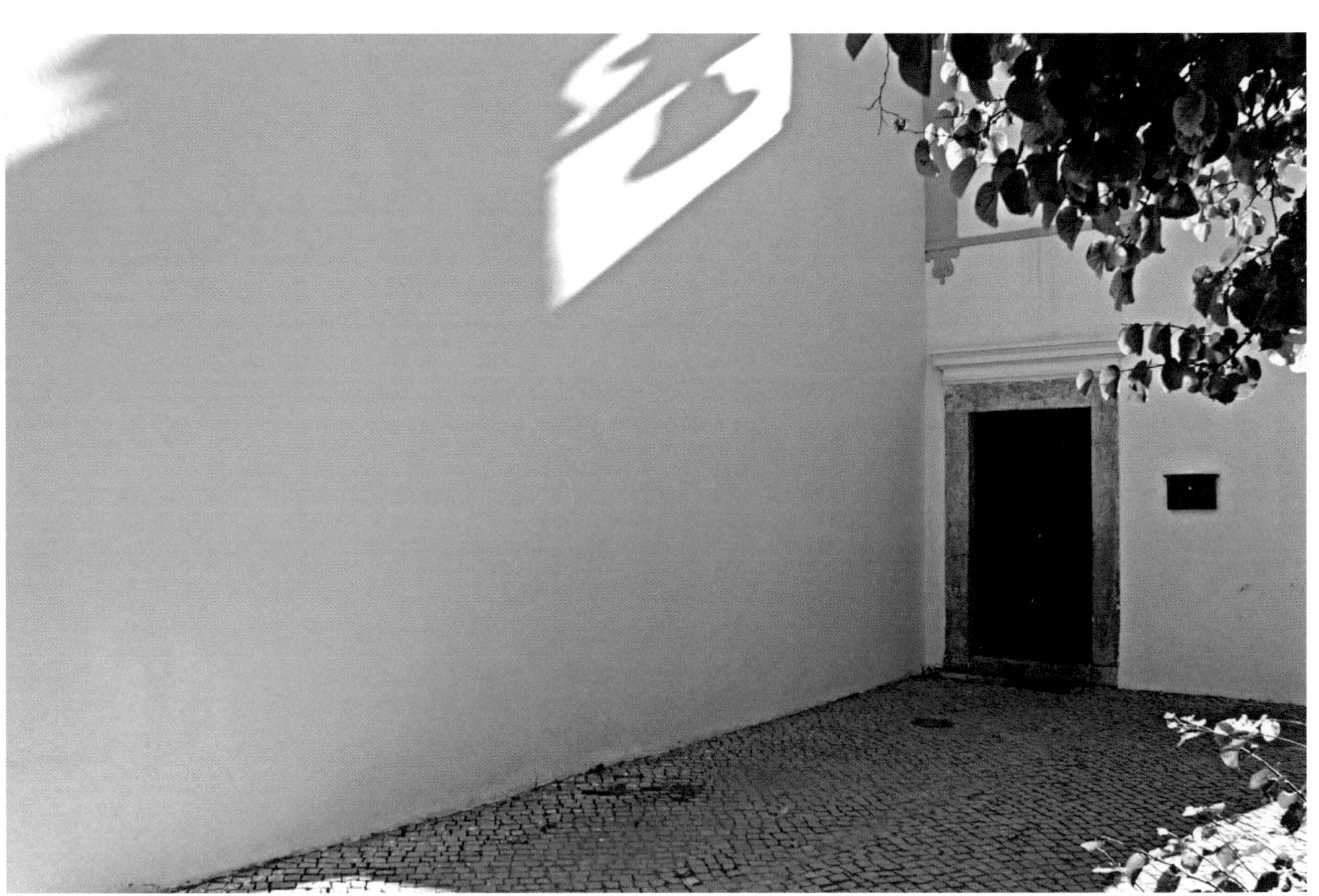

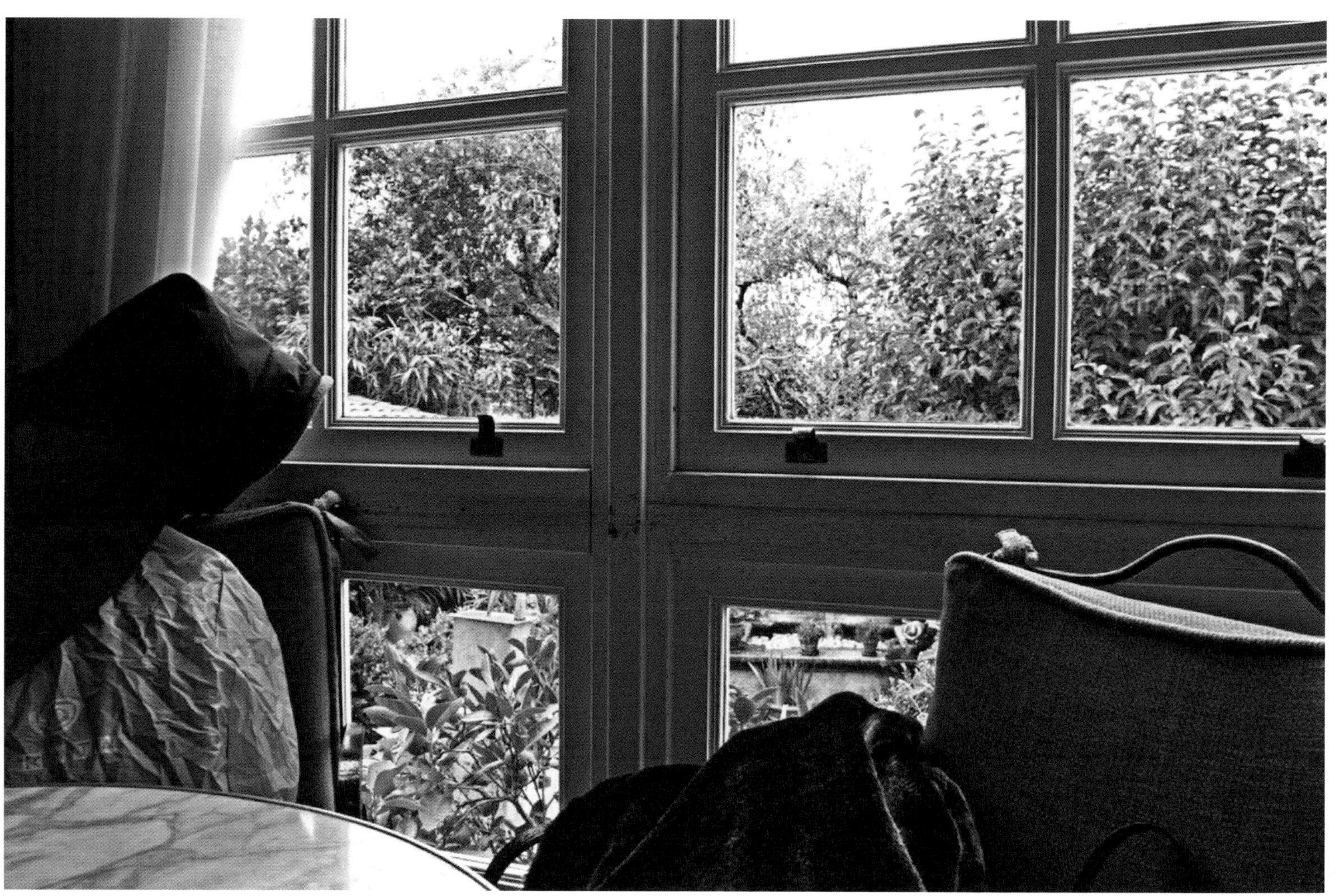

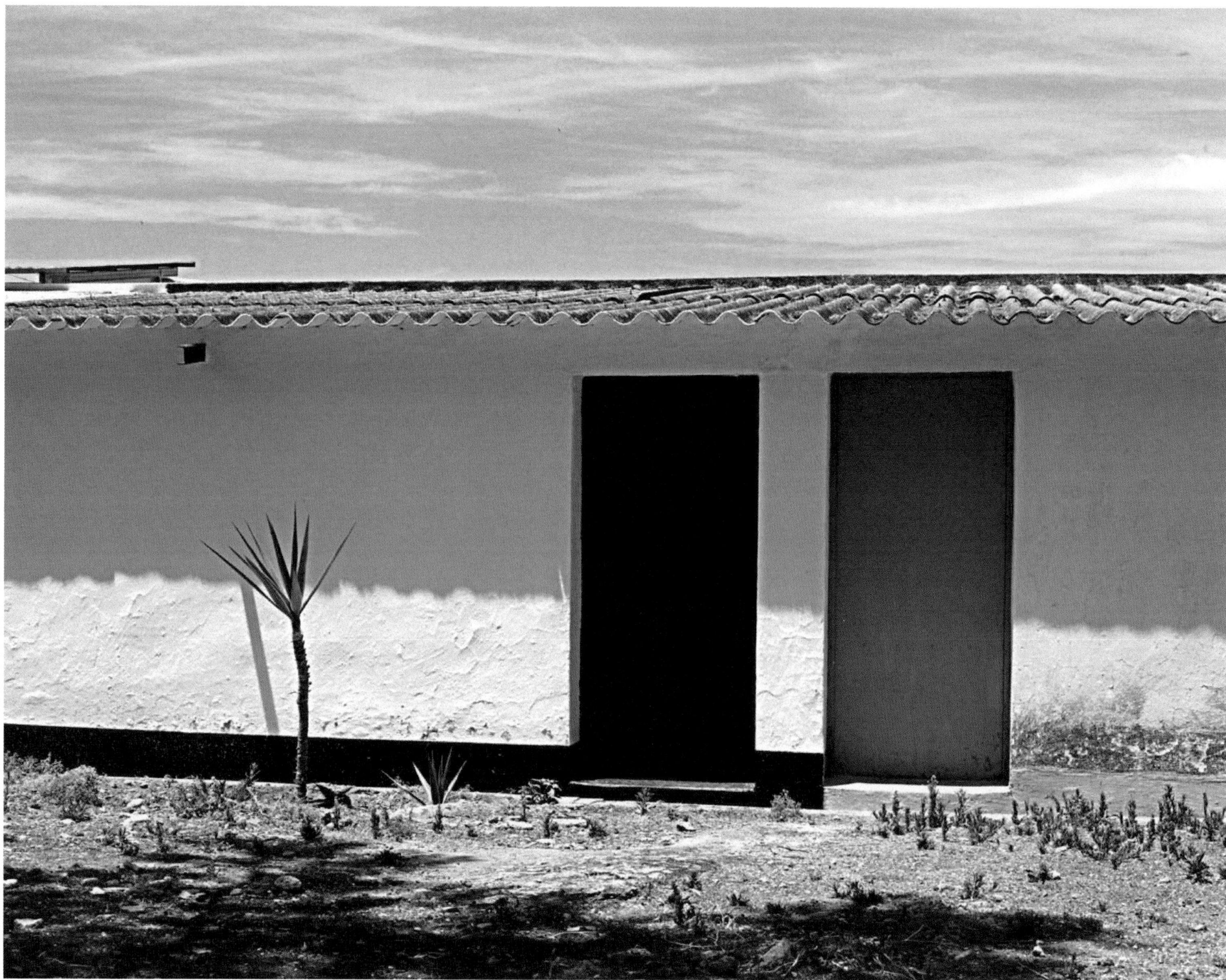

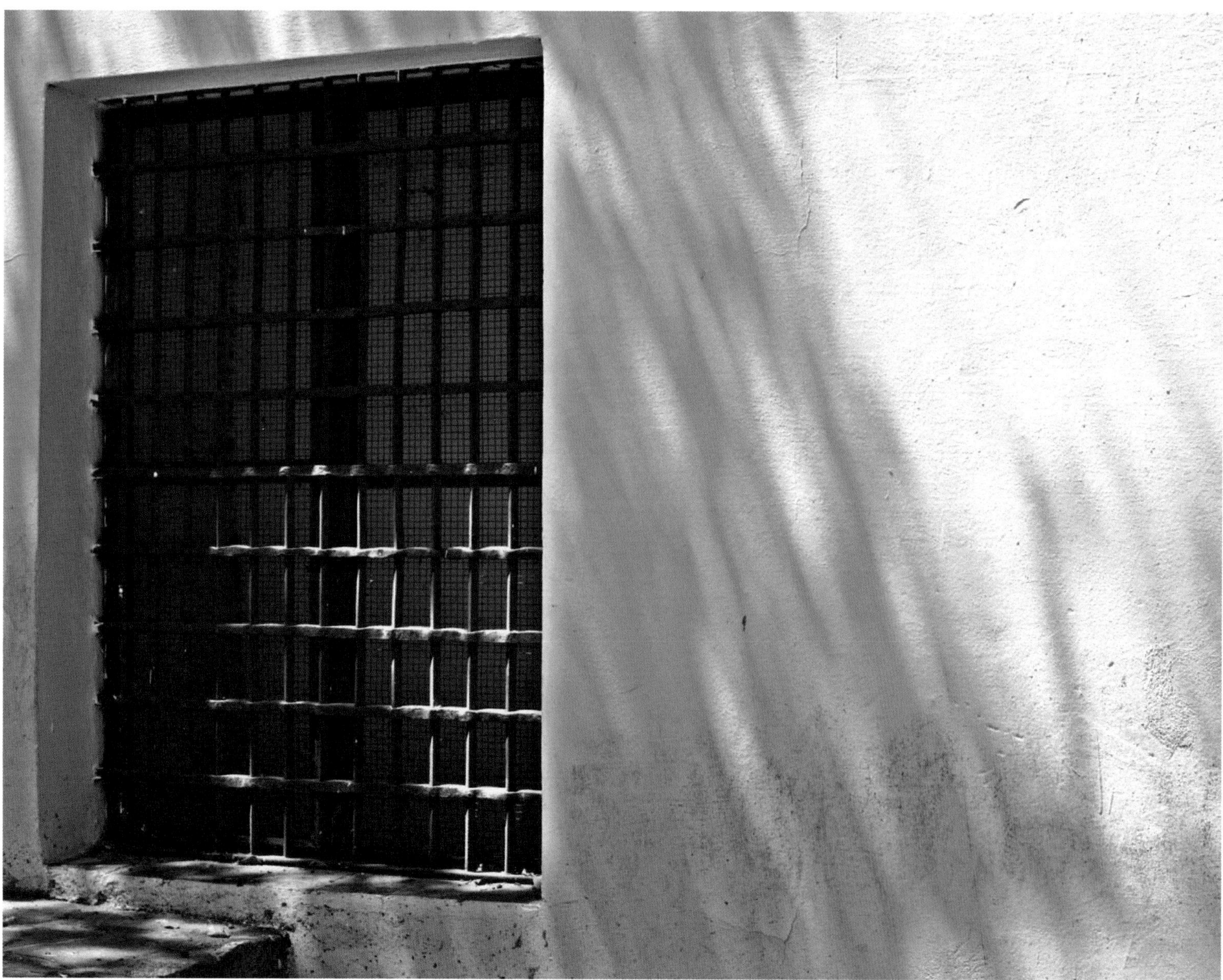

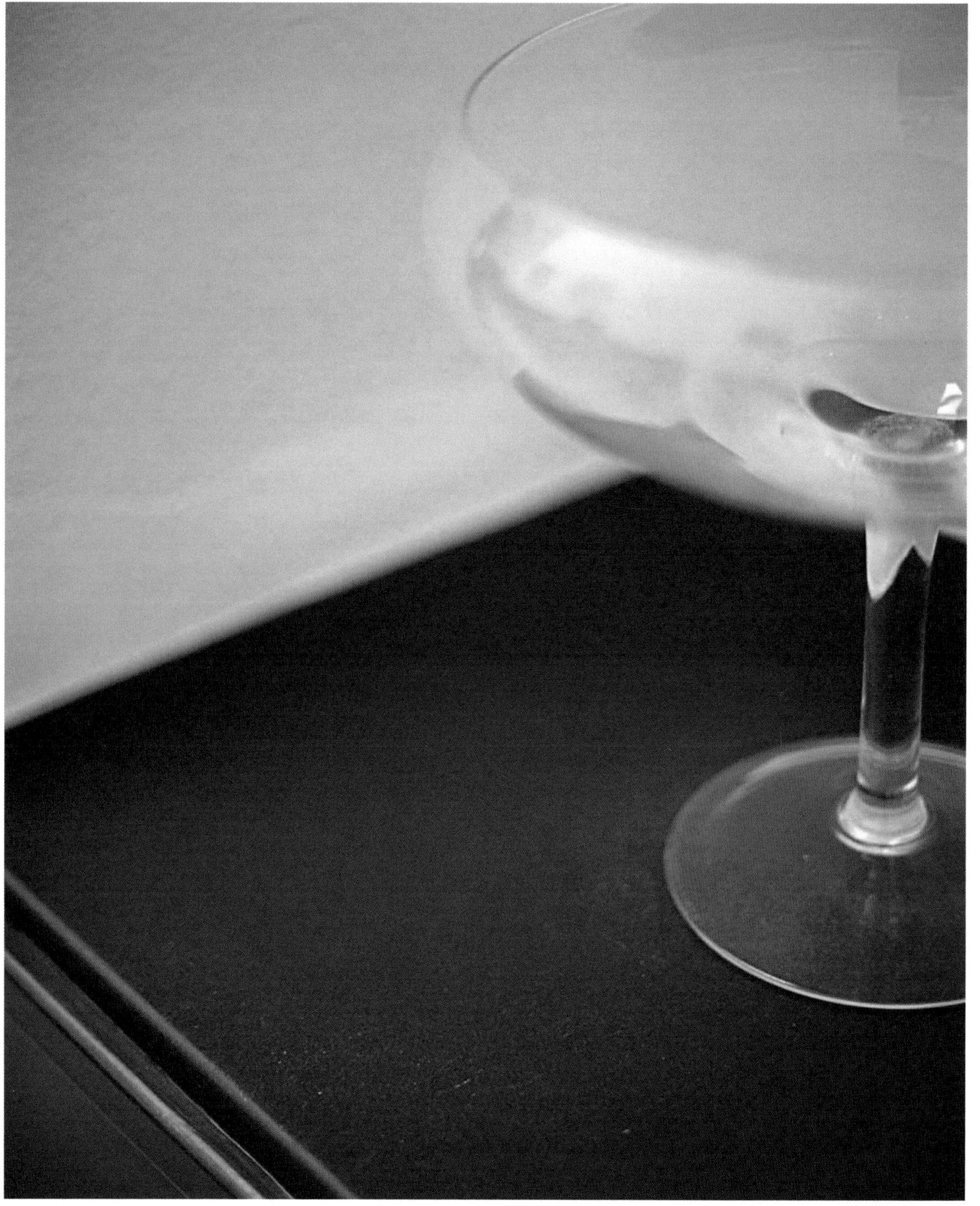

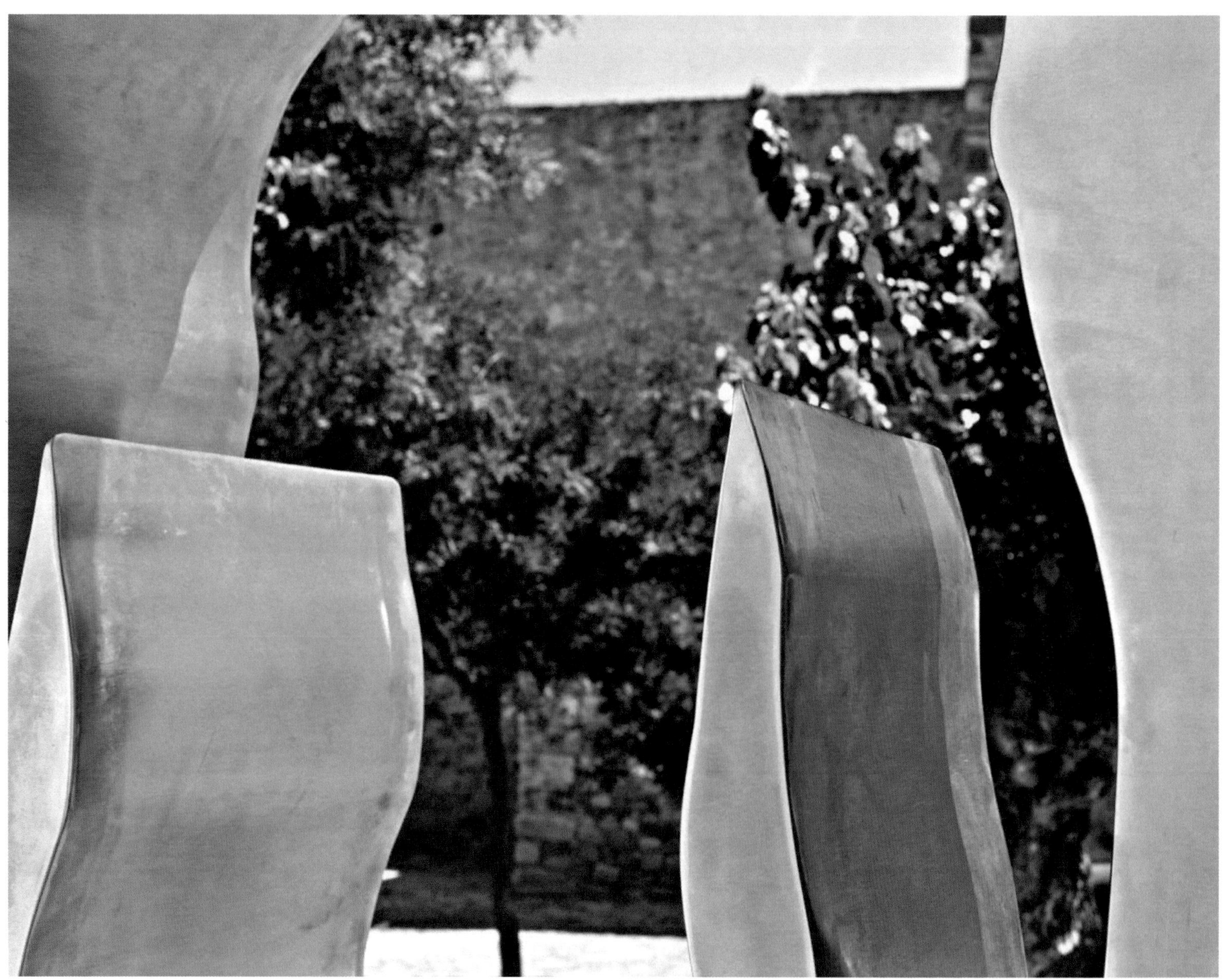

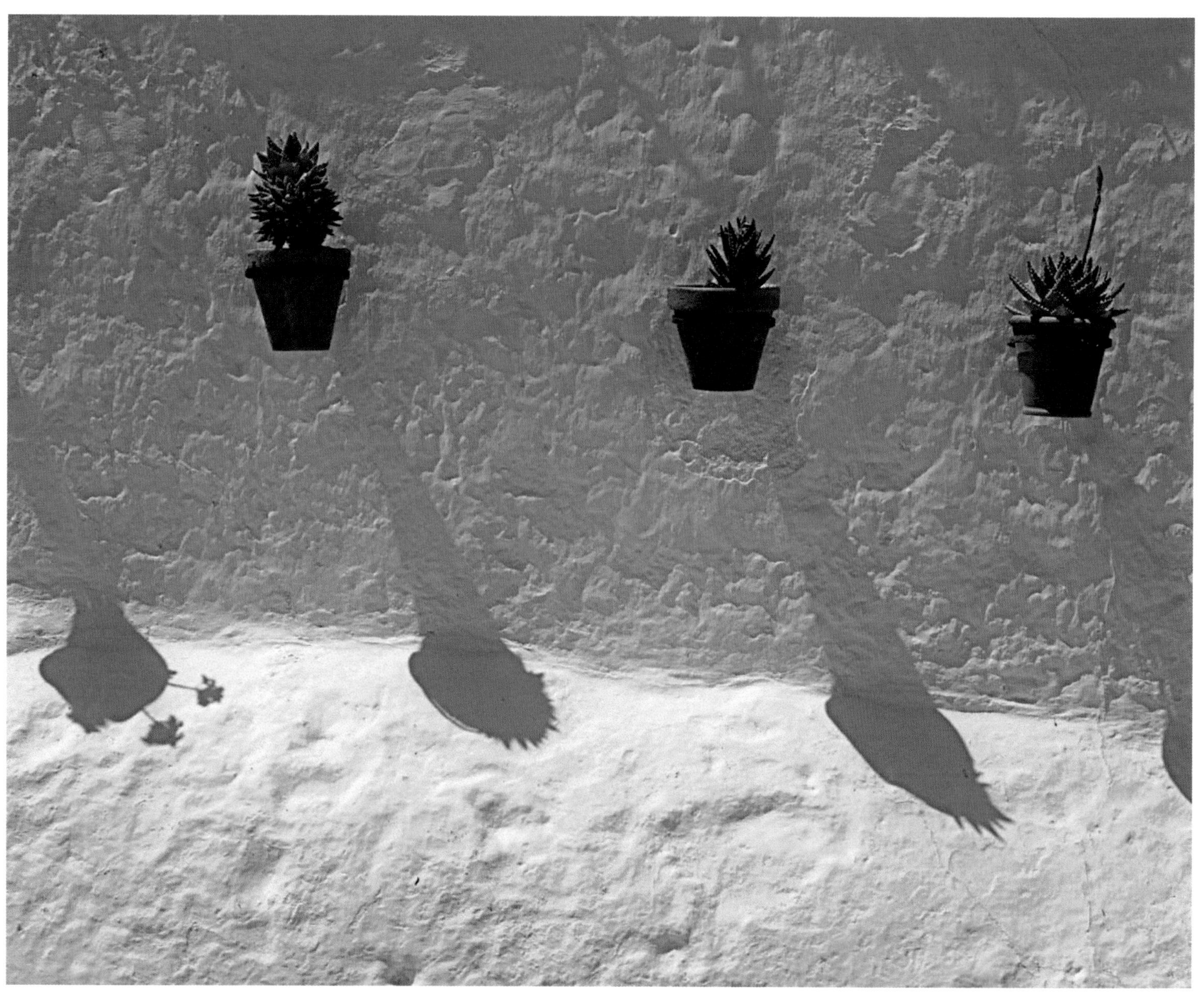

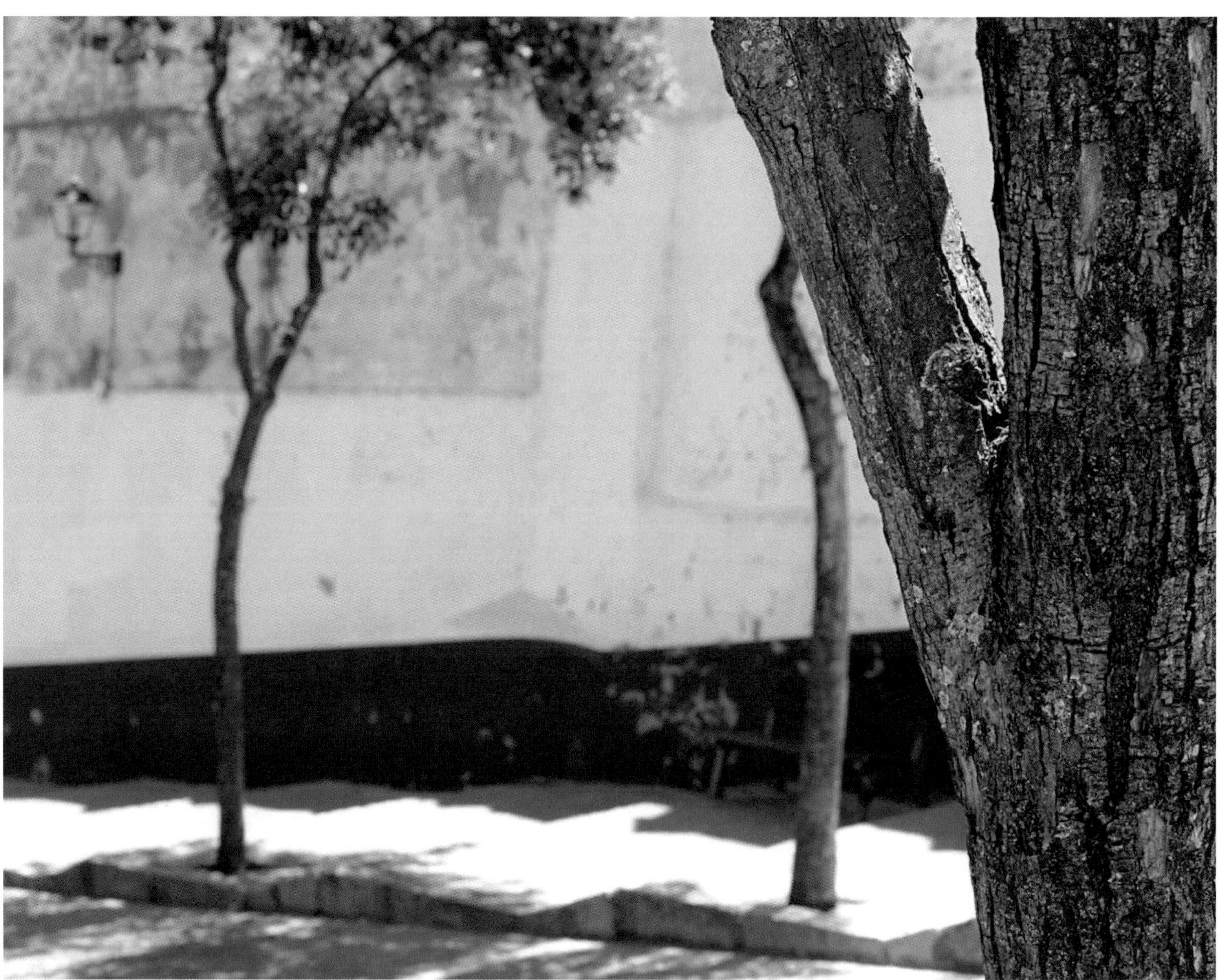

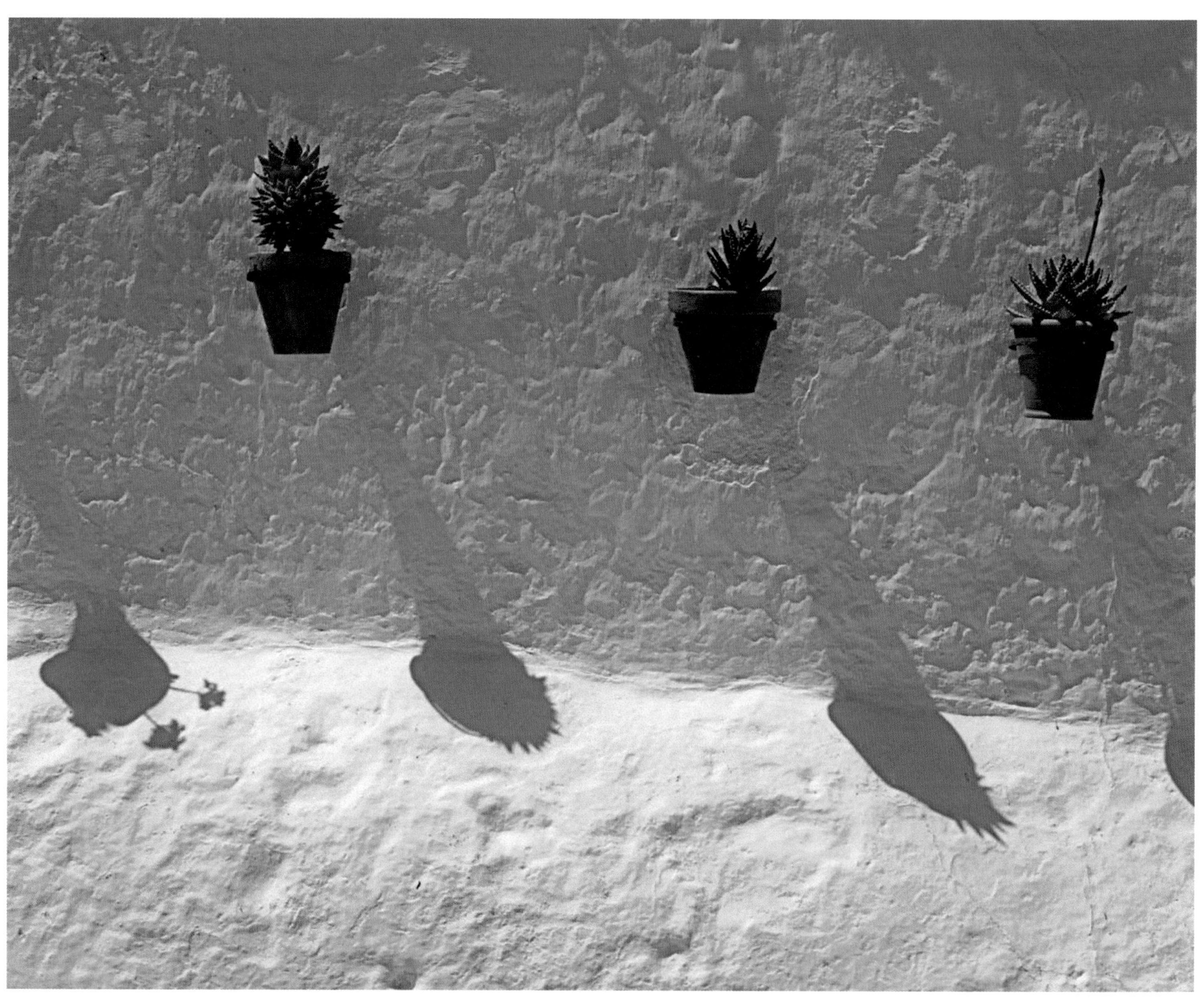

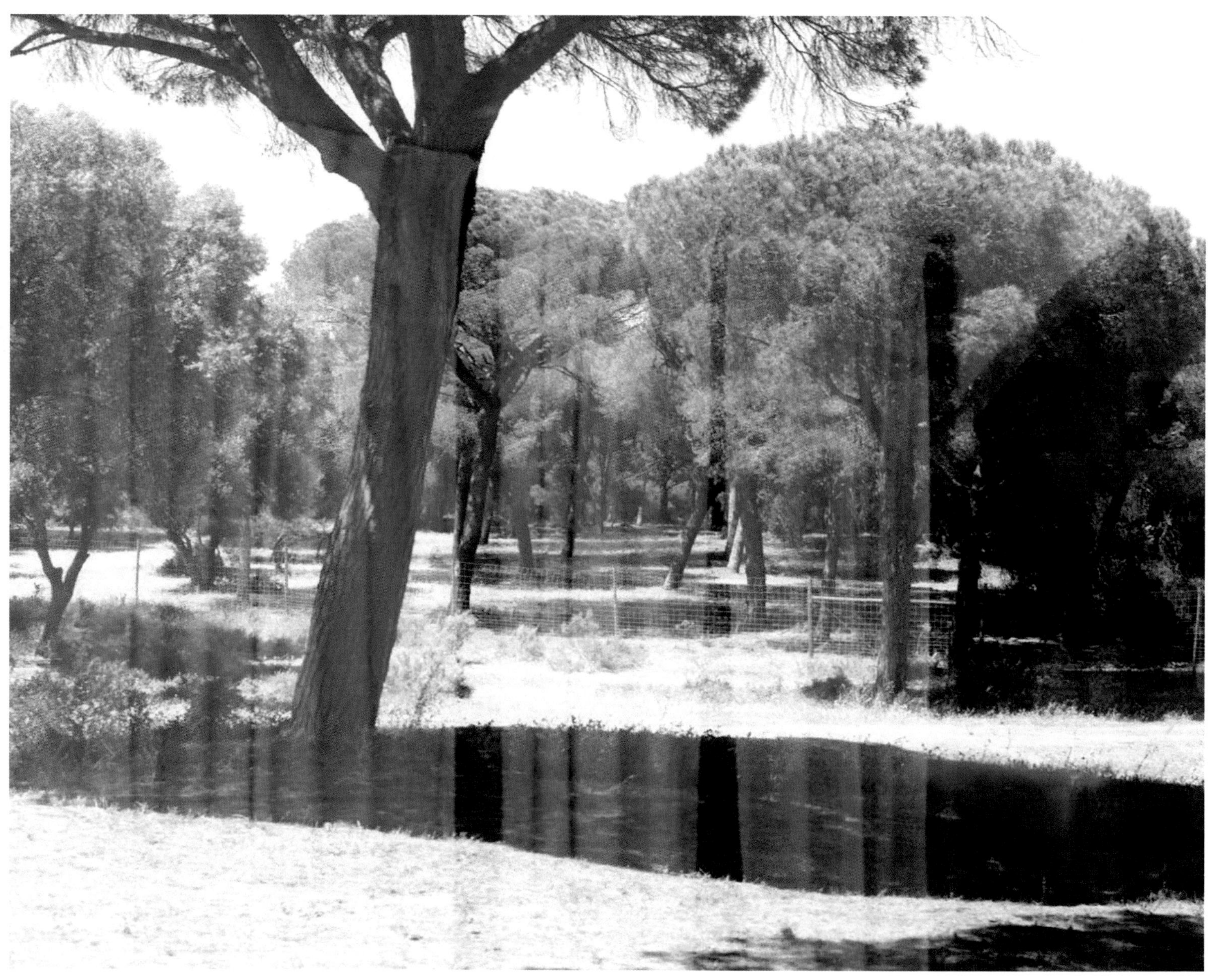

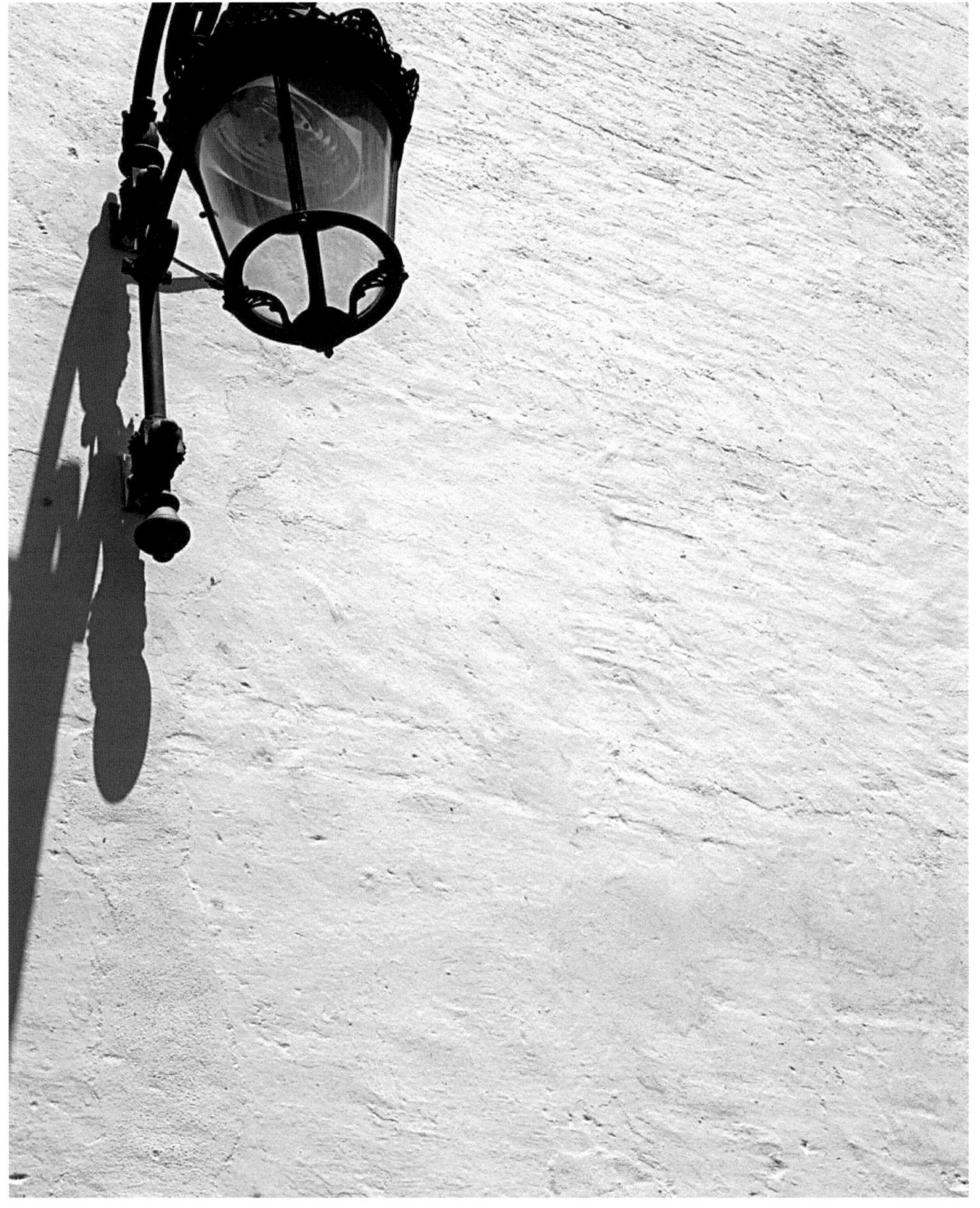

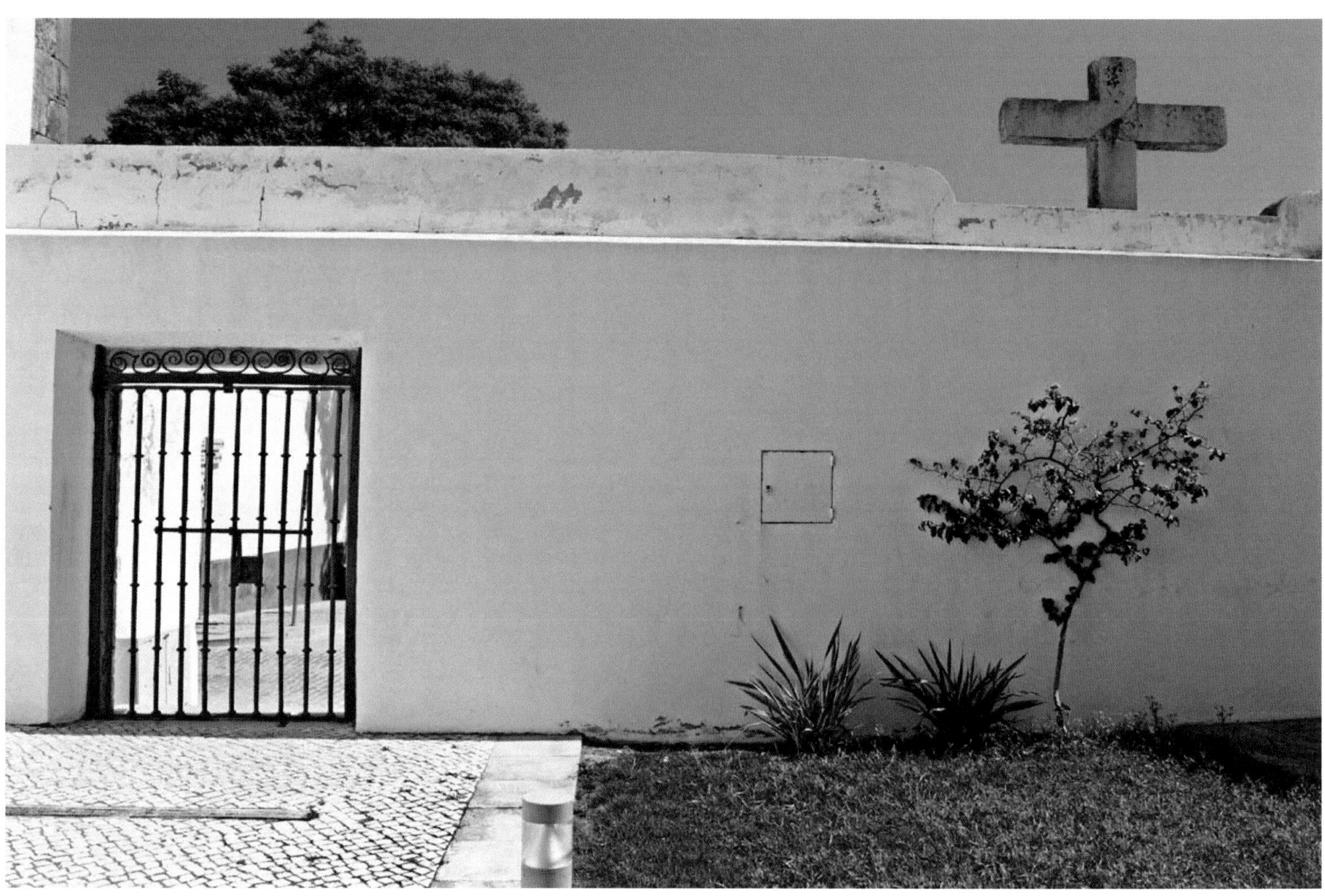

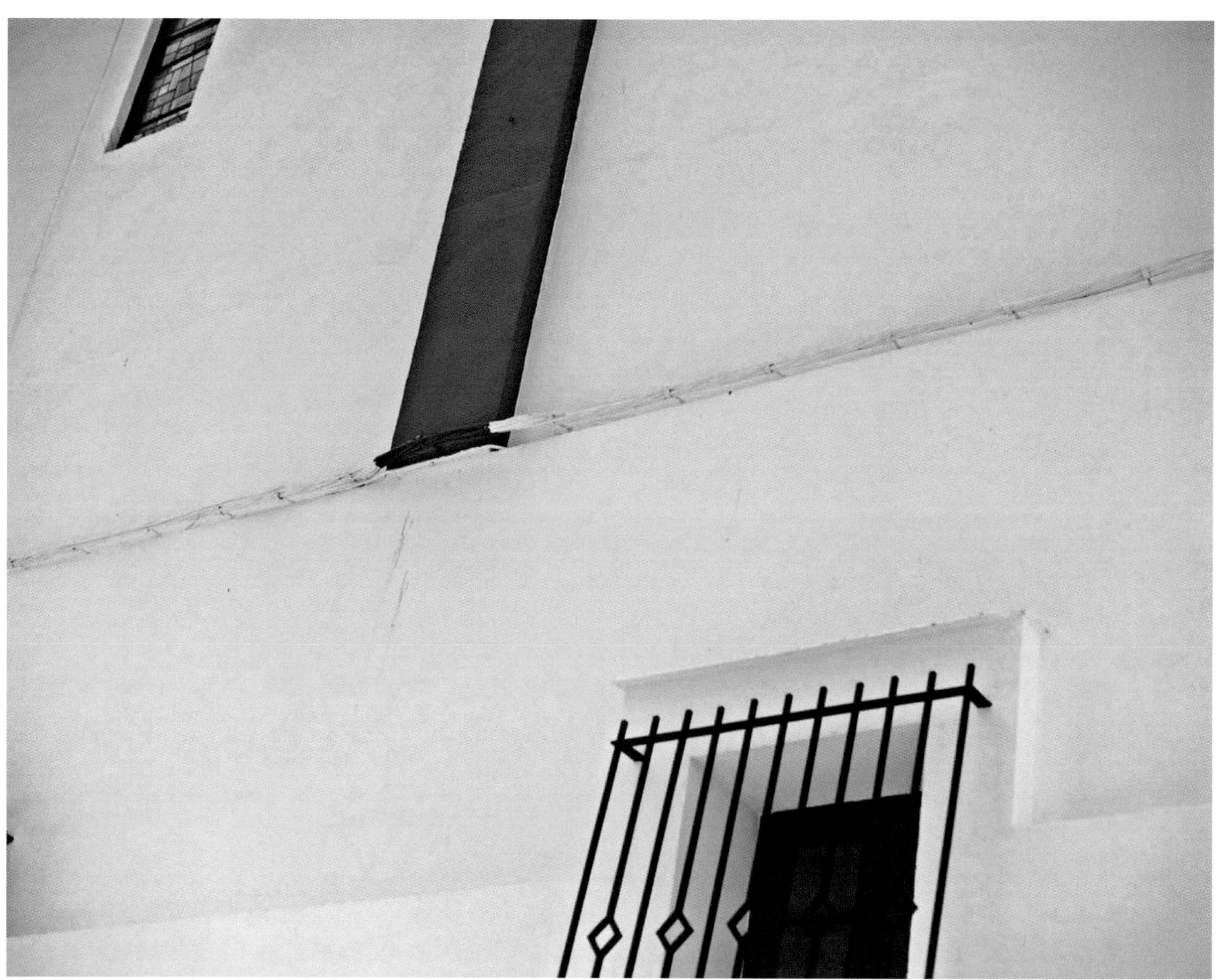

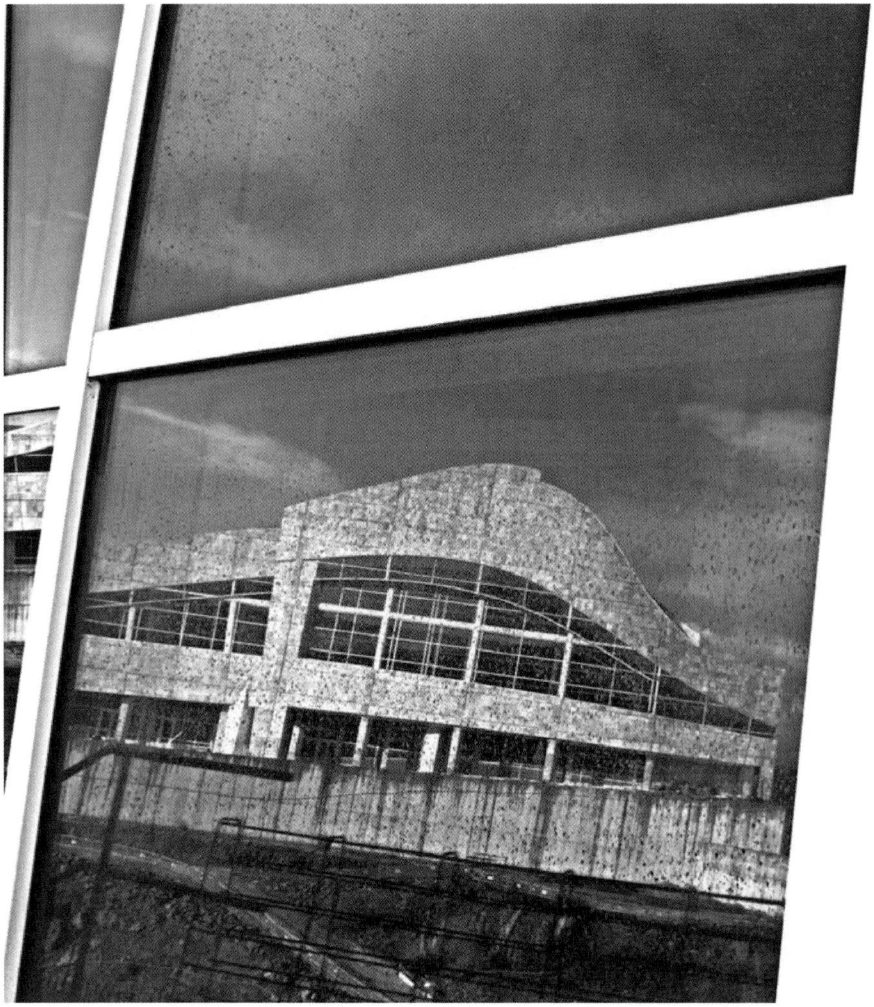

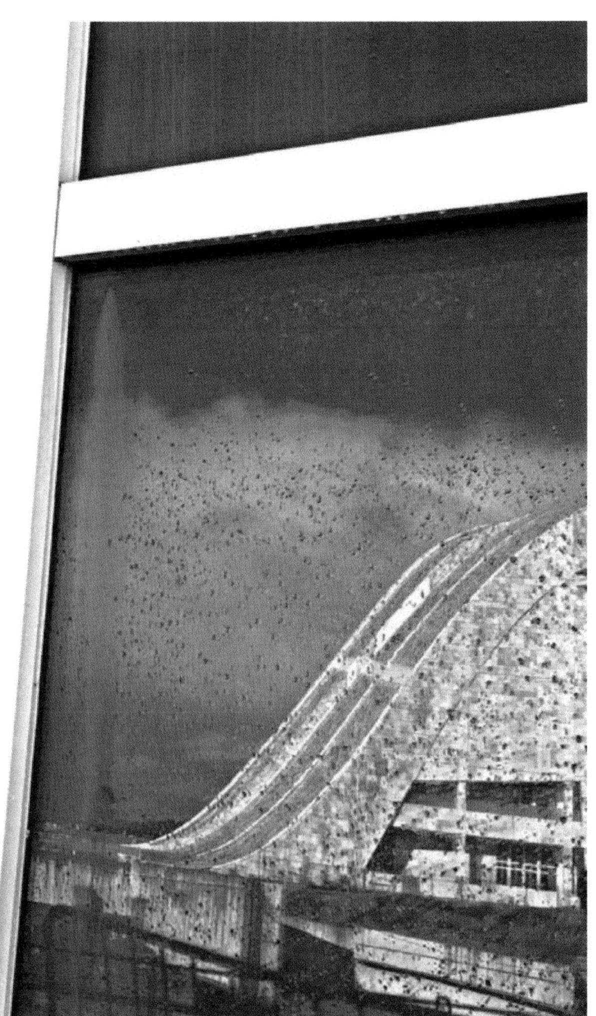

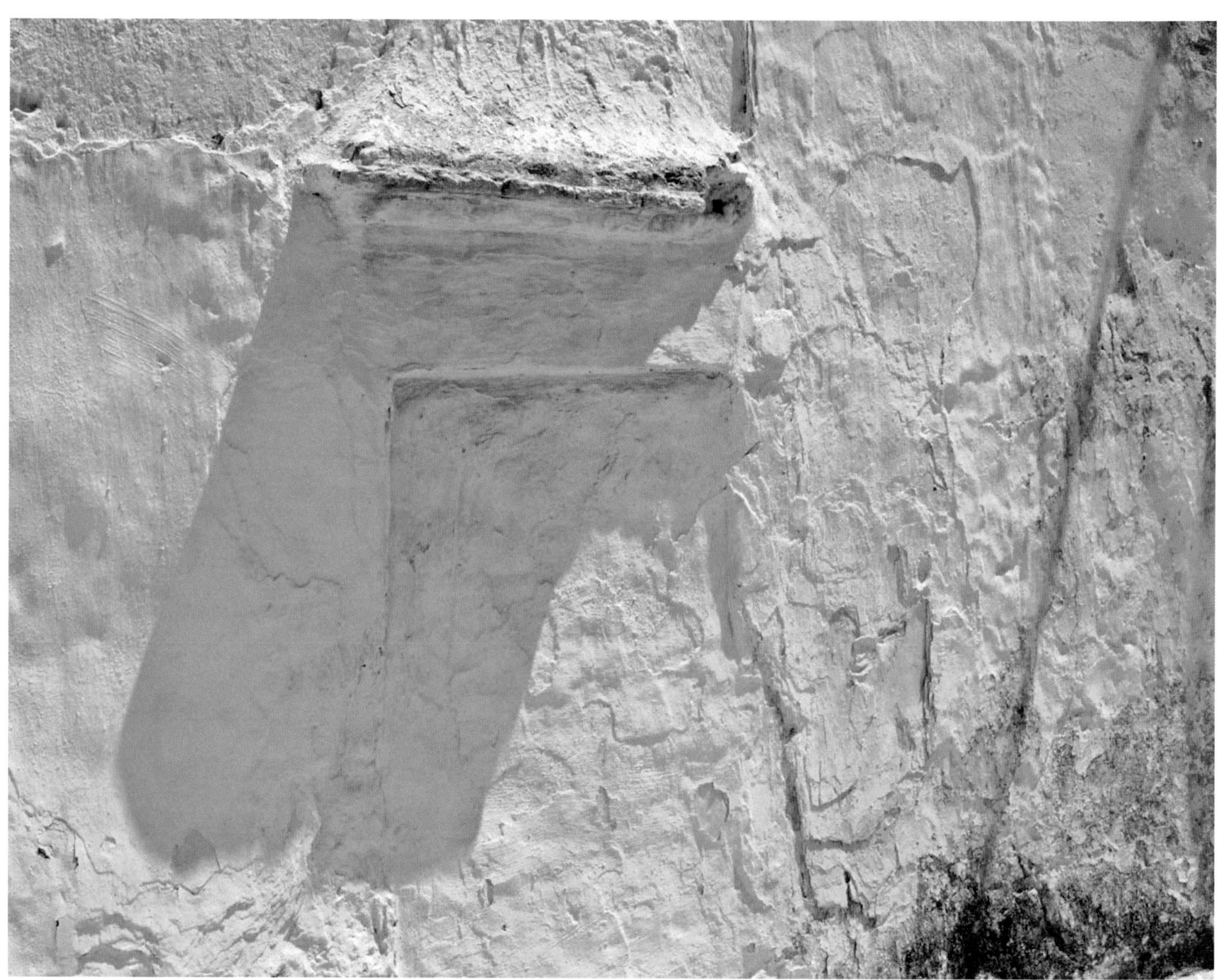

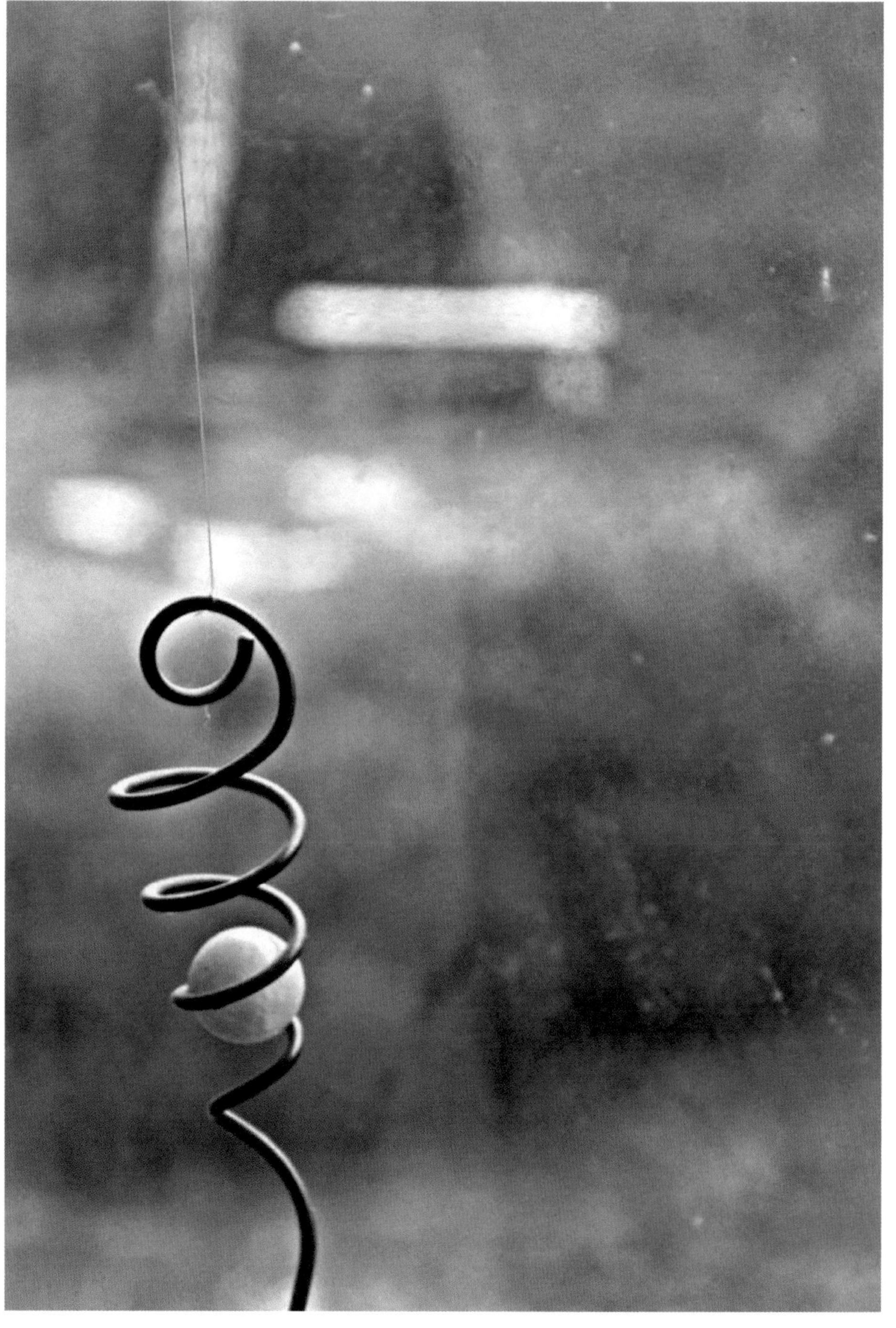

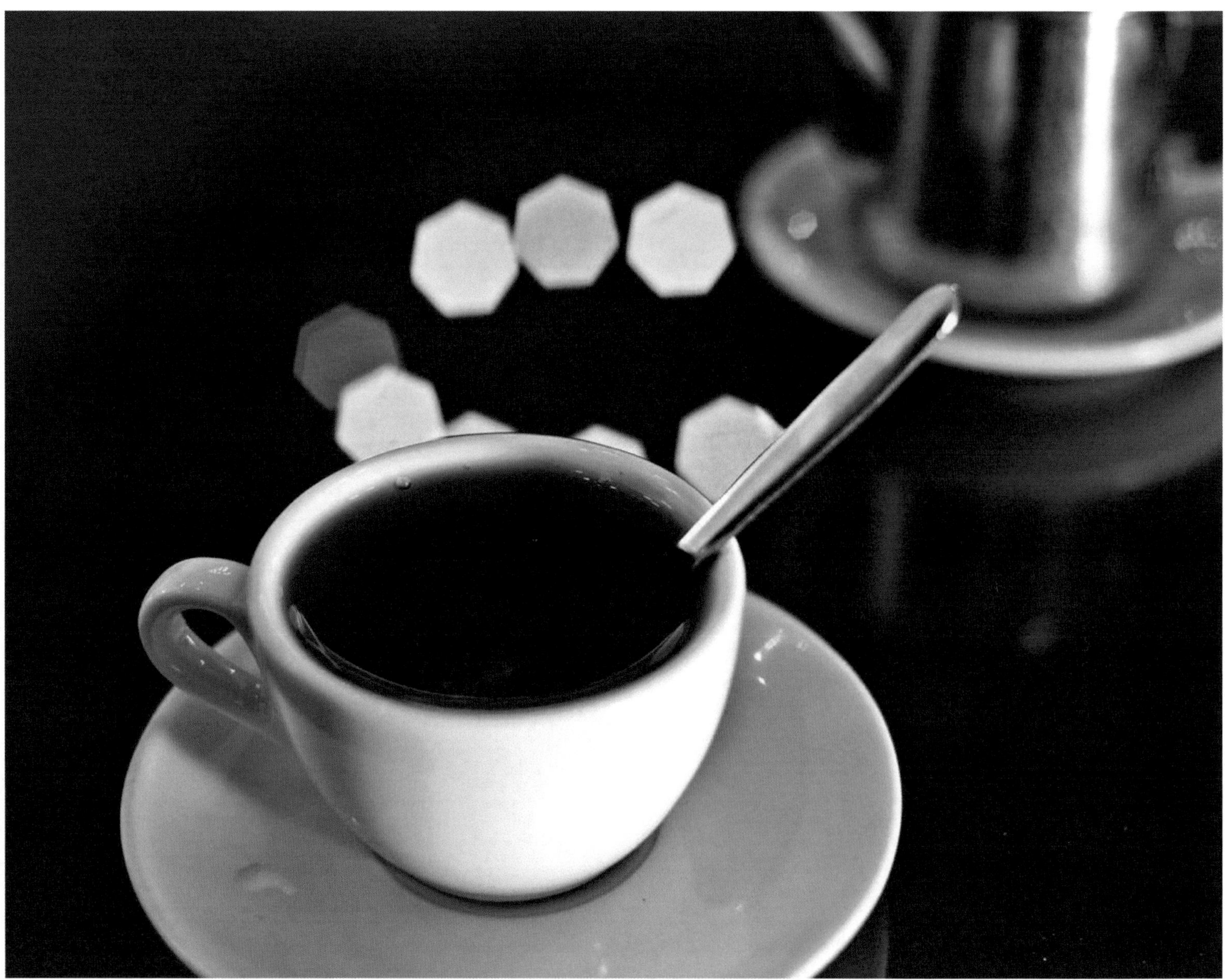

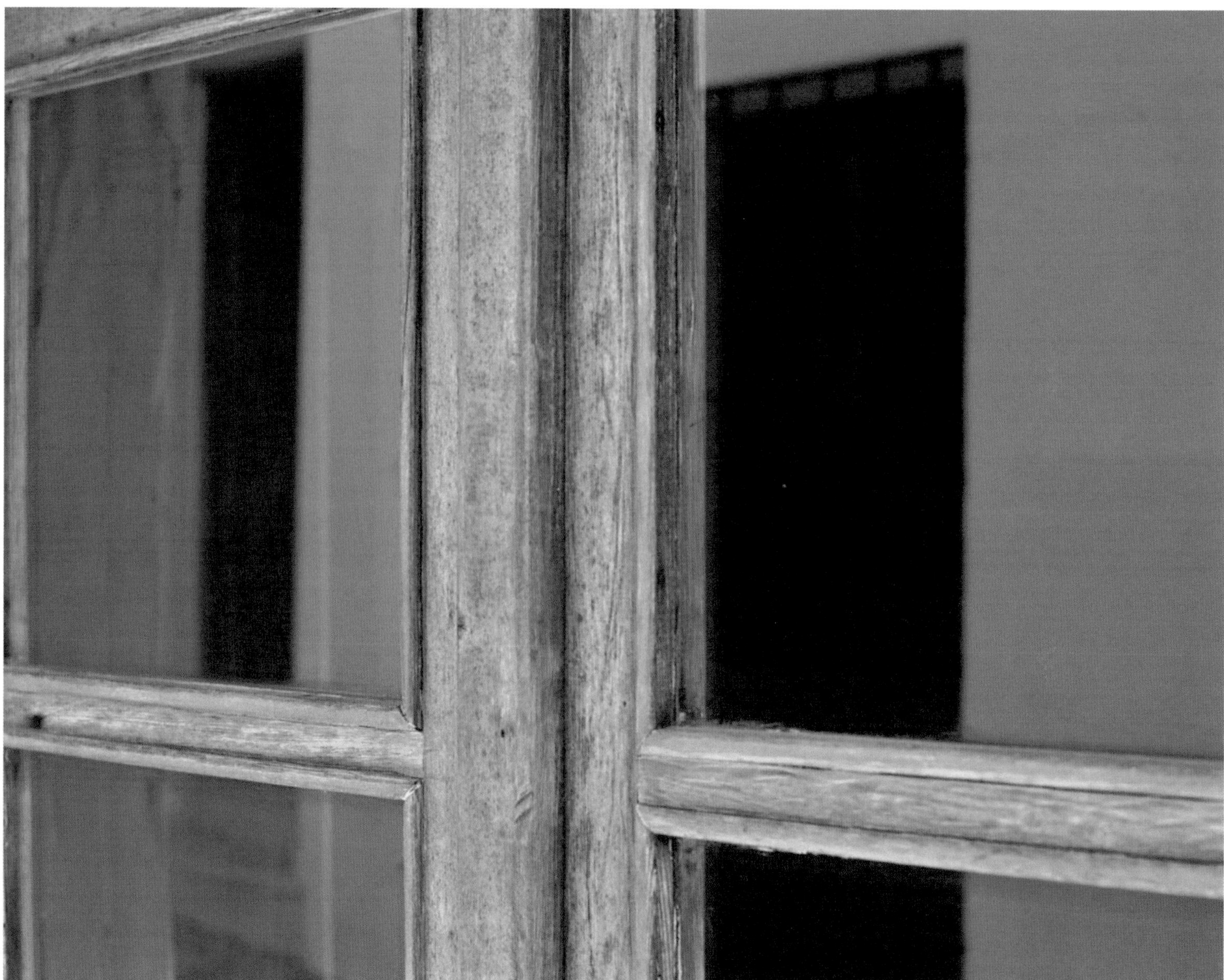

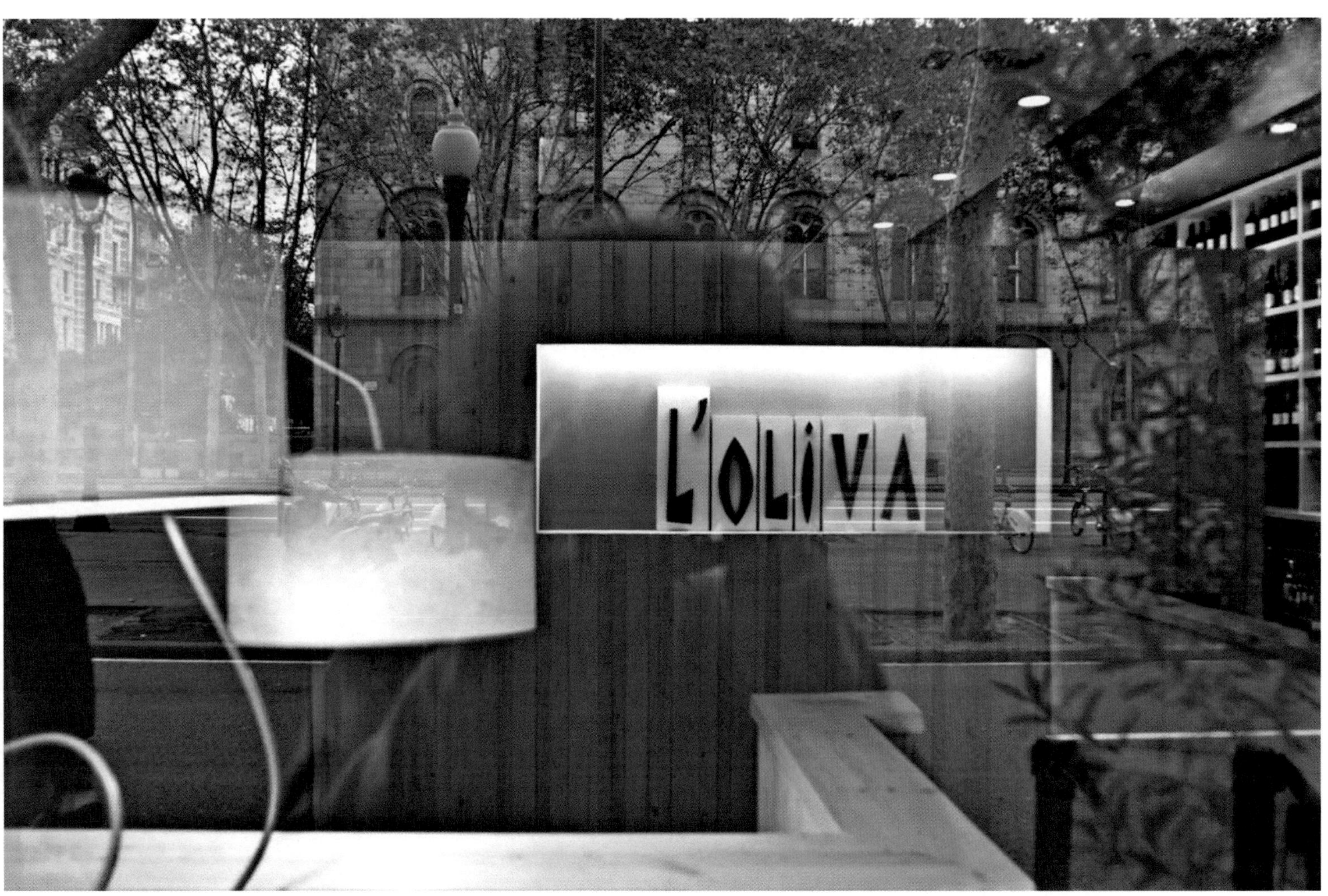
L'OLIVA

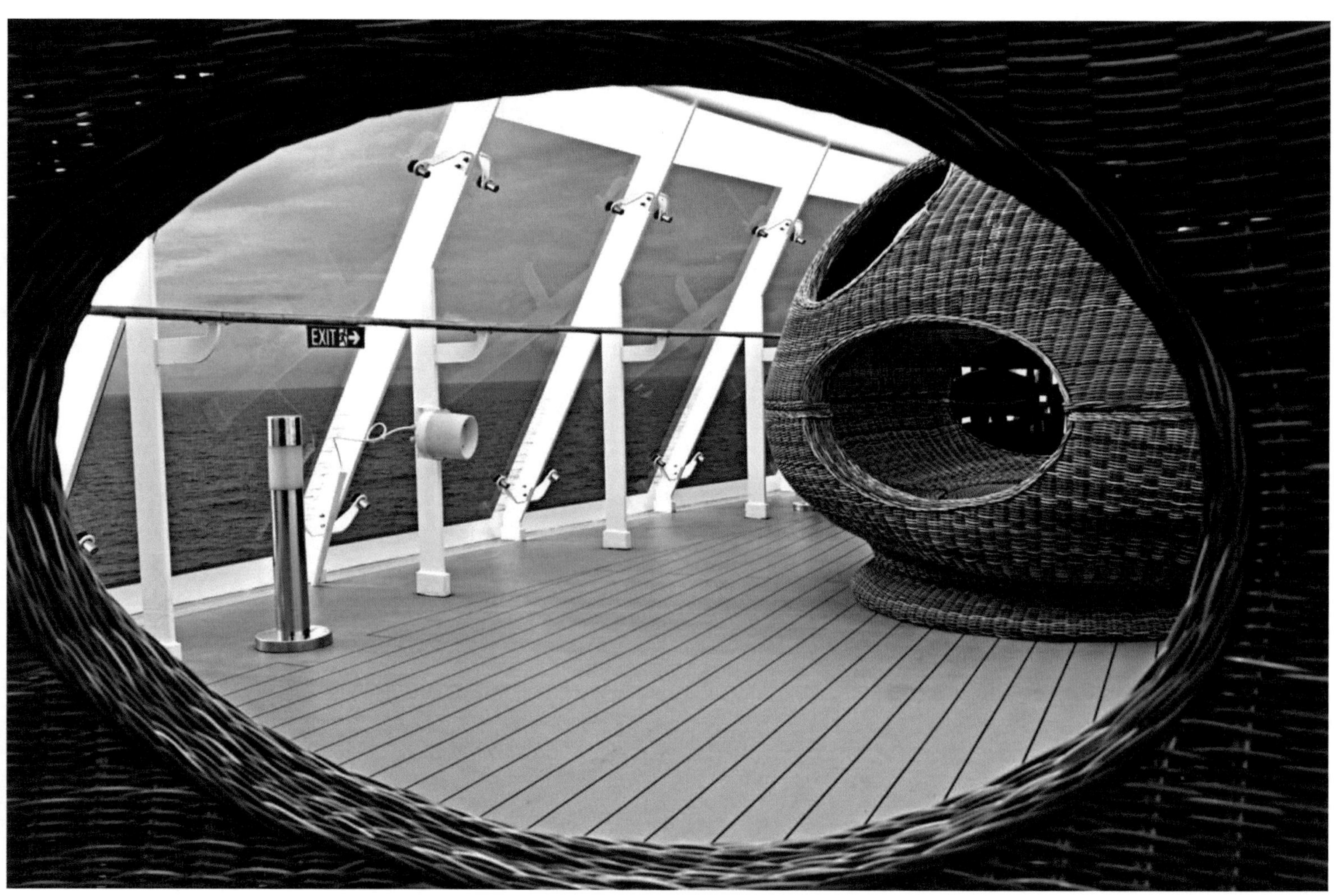
EXIT →

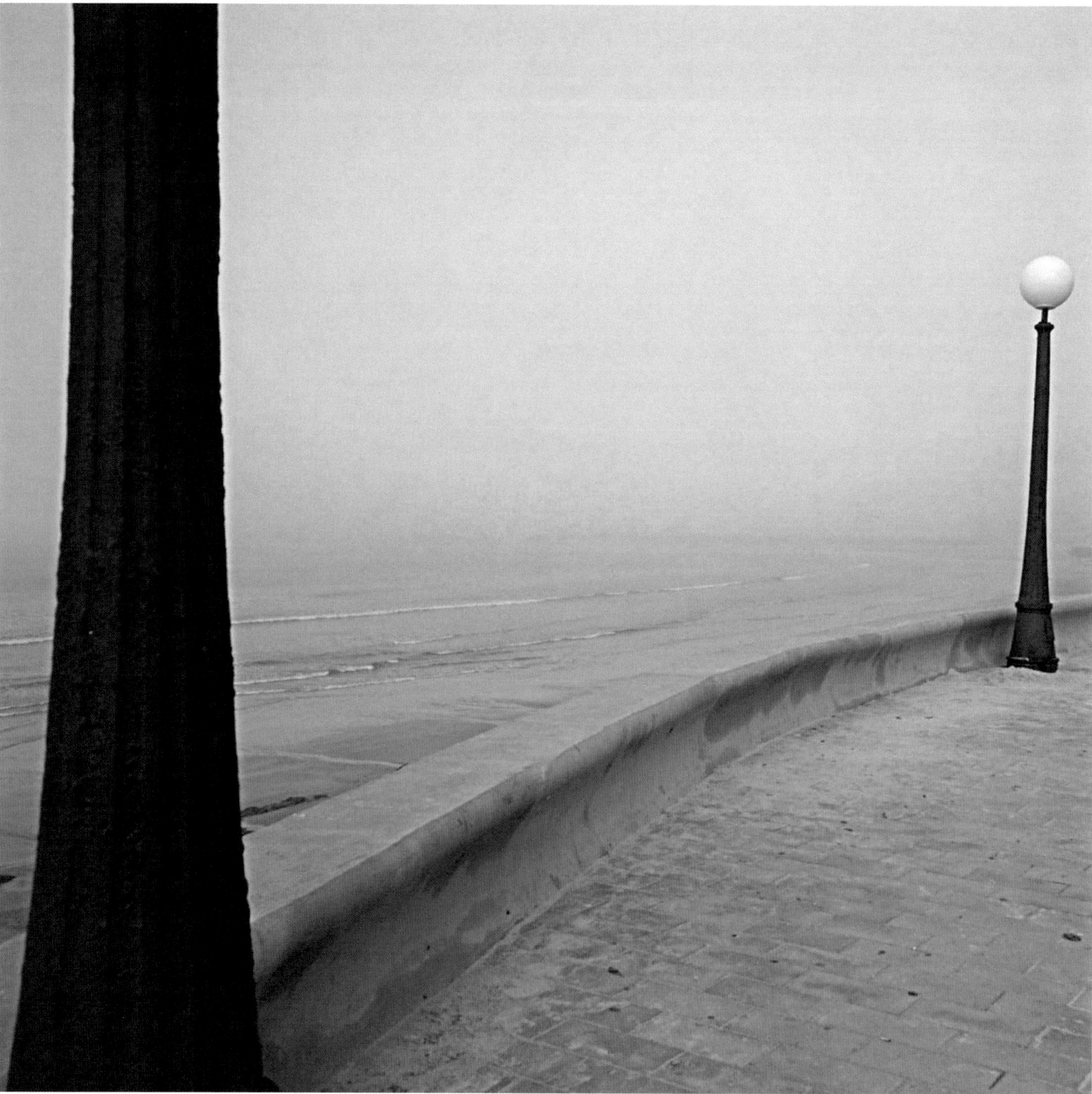

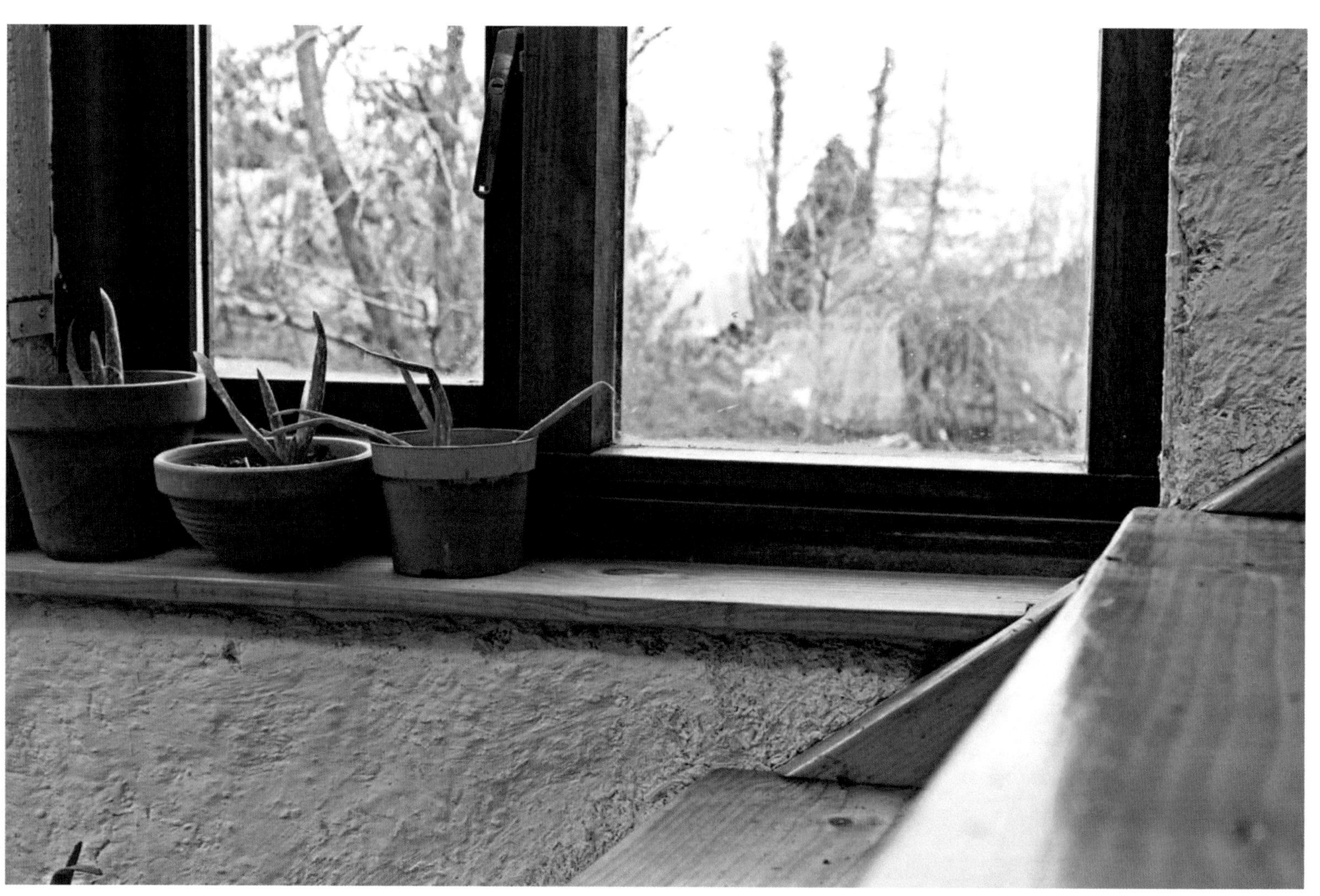

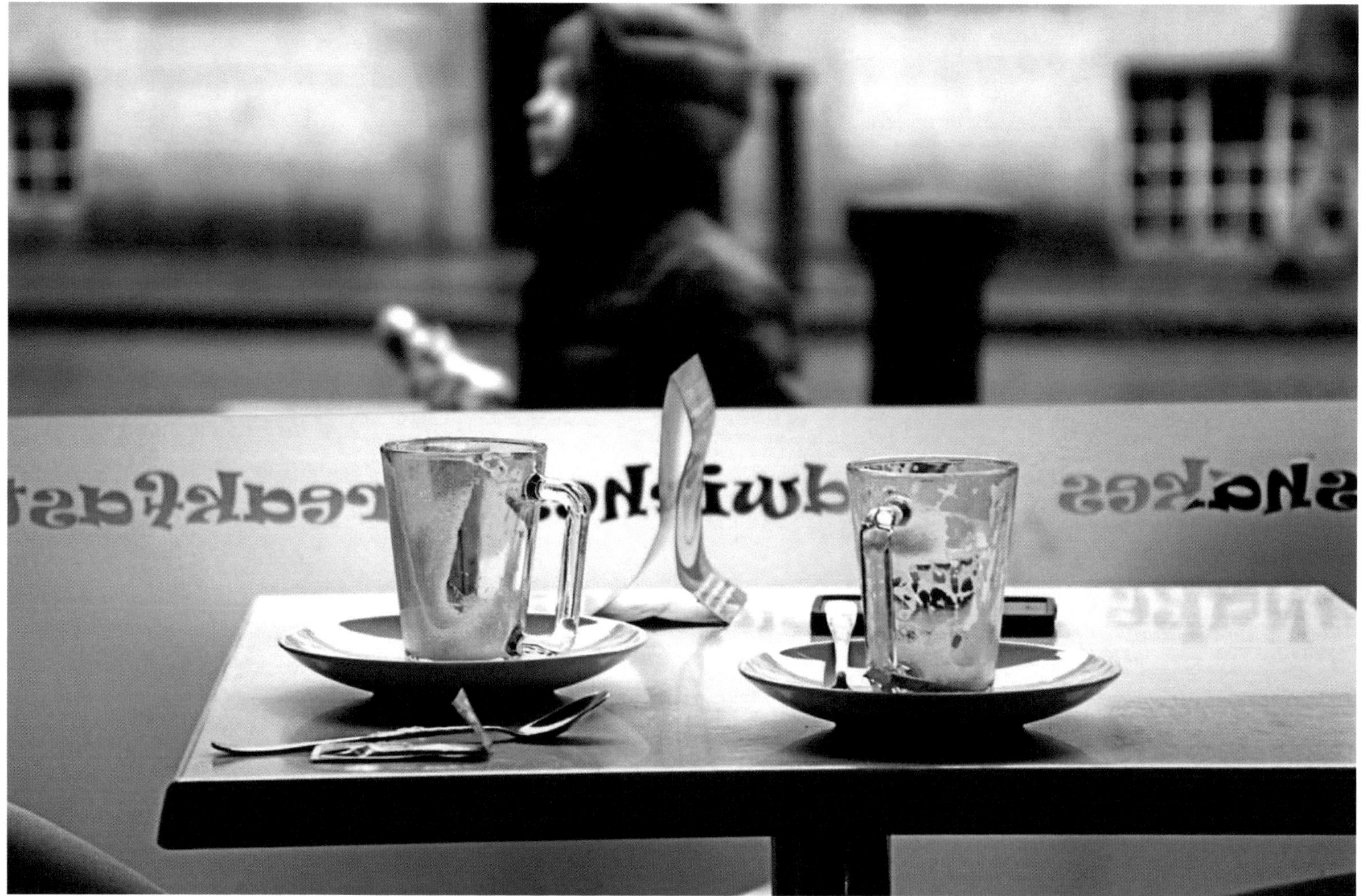

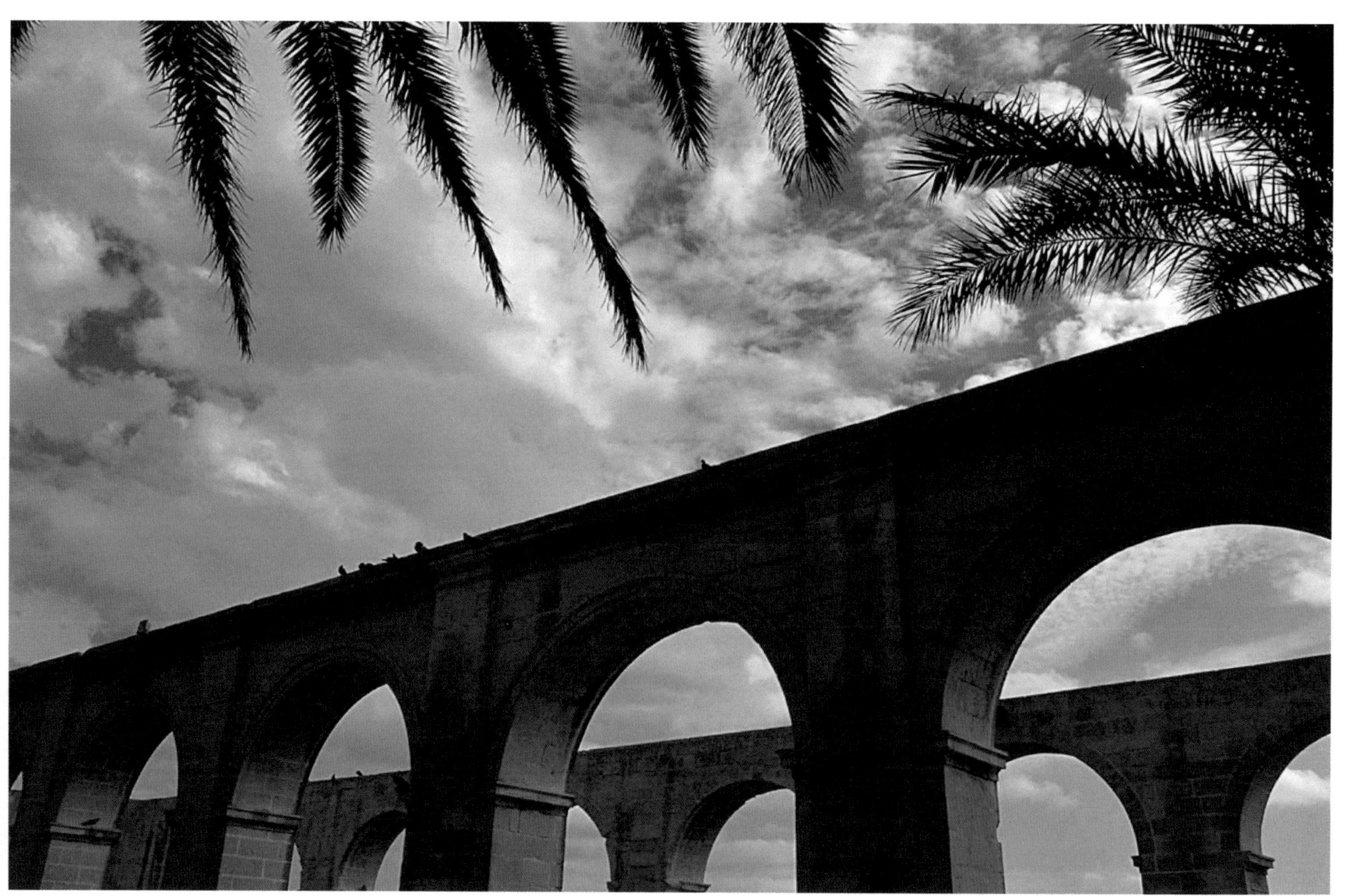

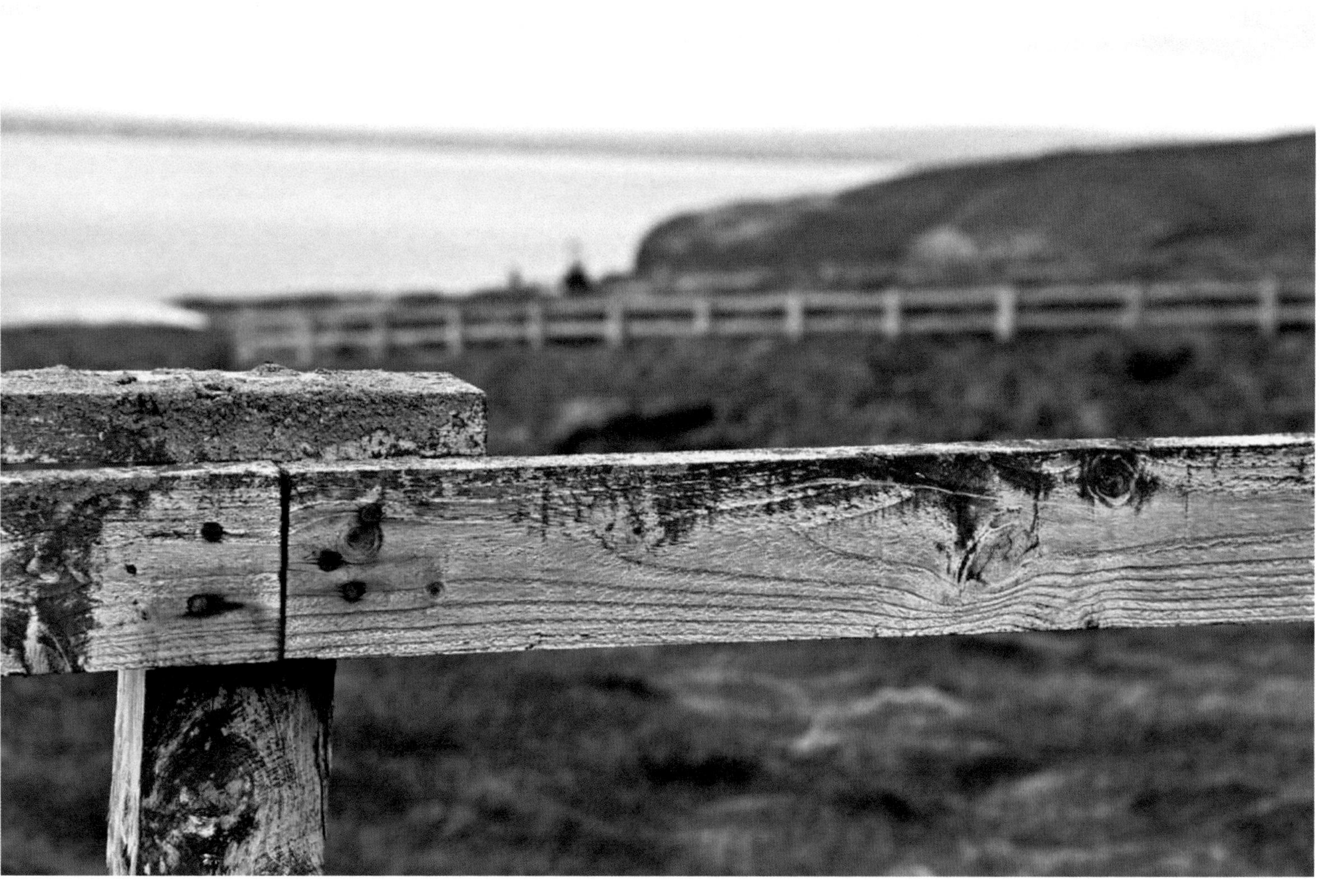

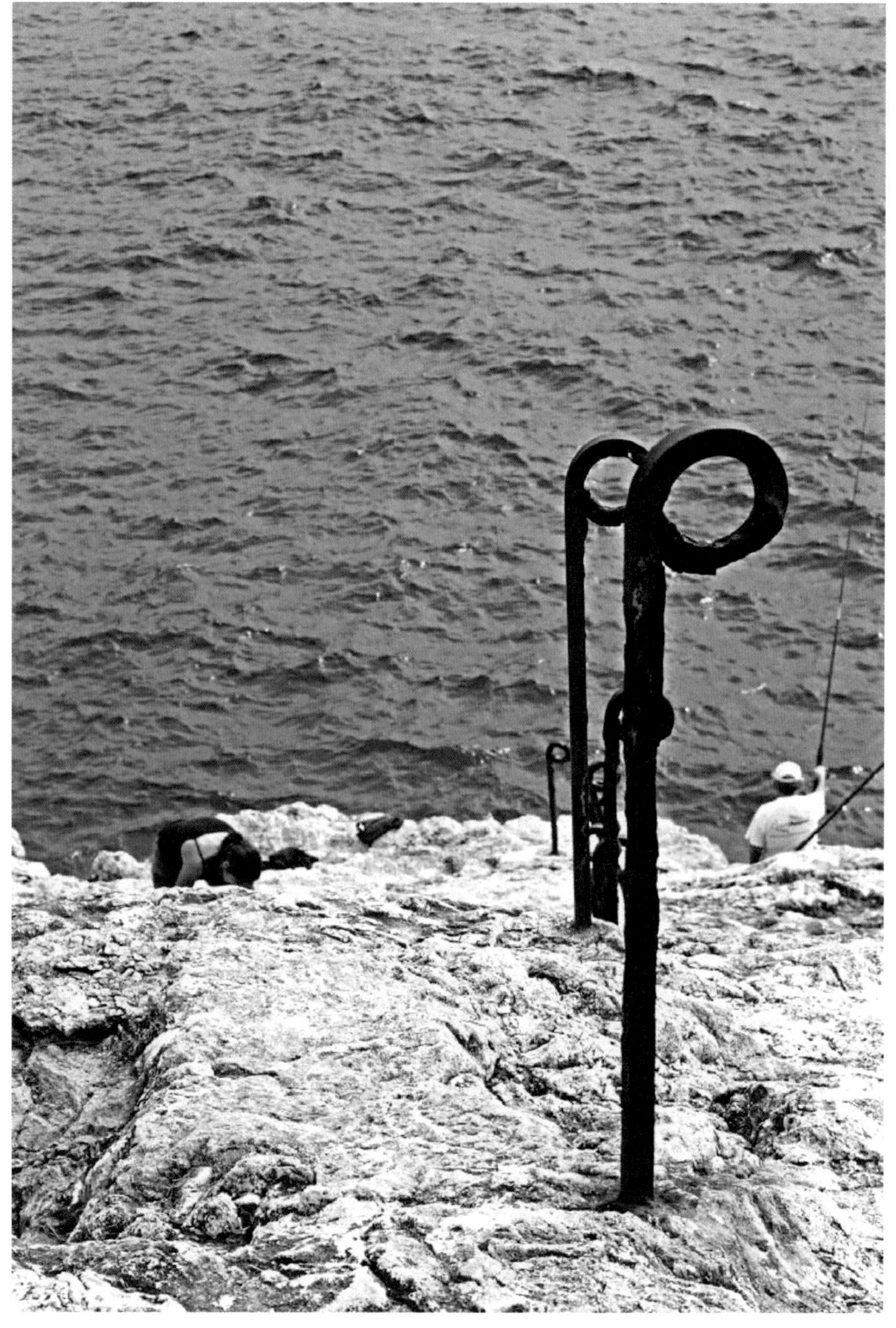

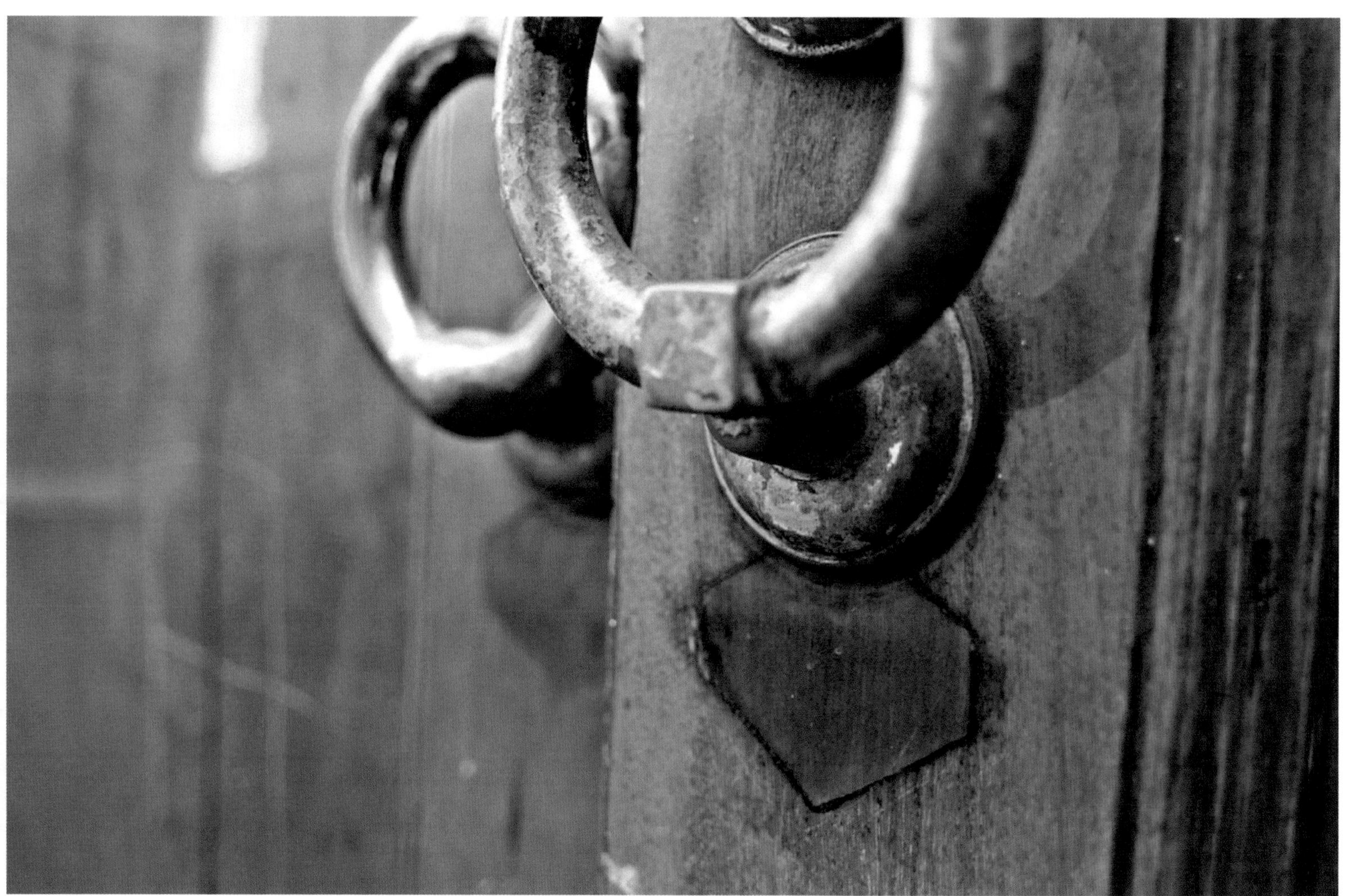

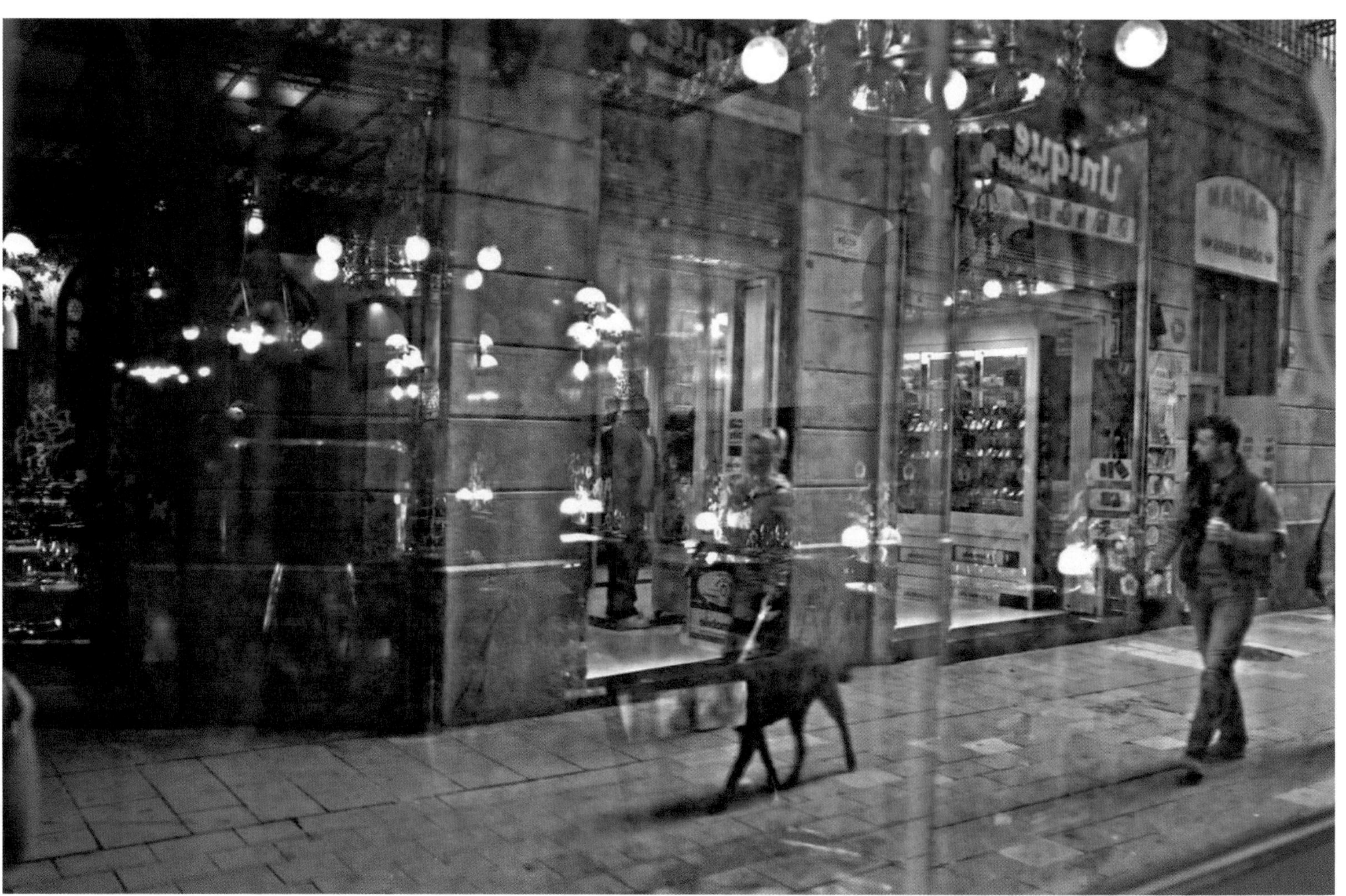

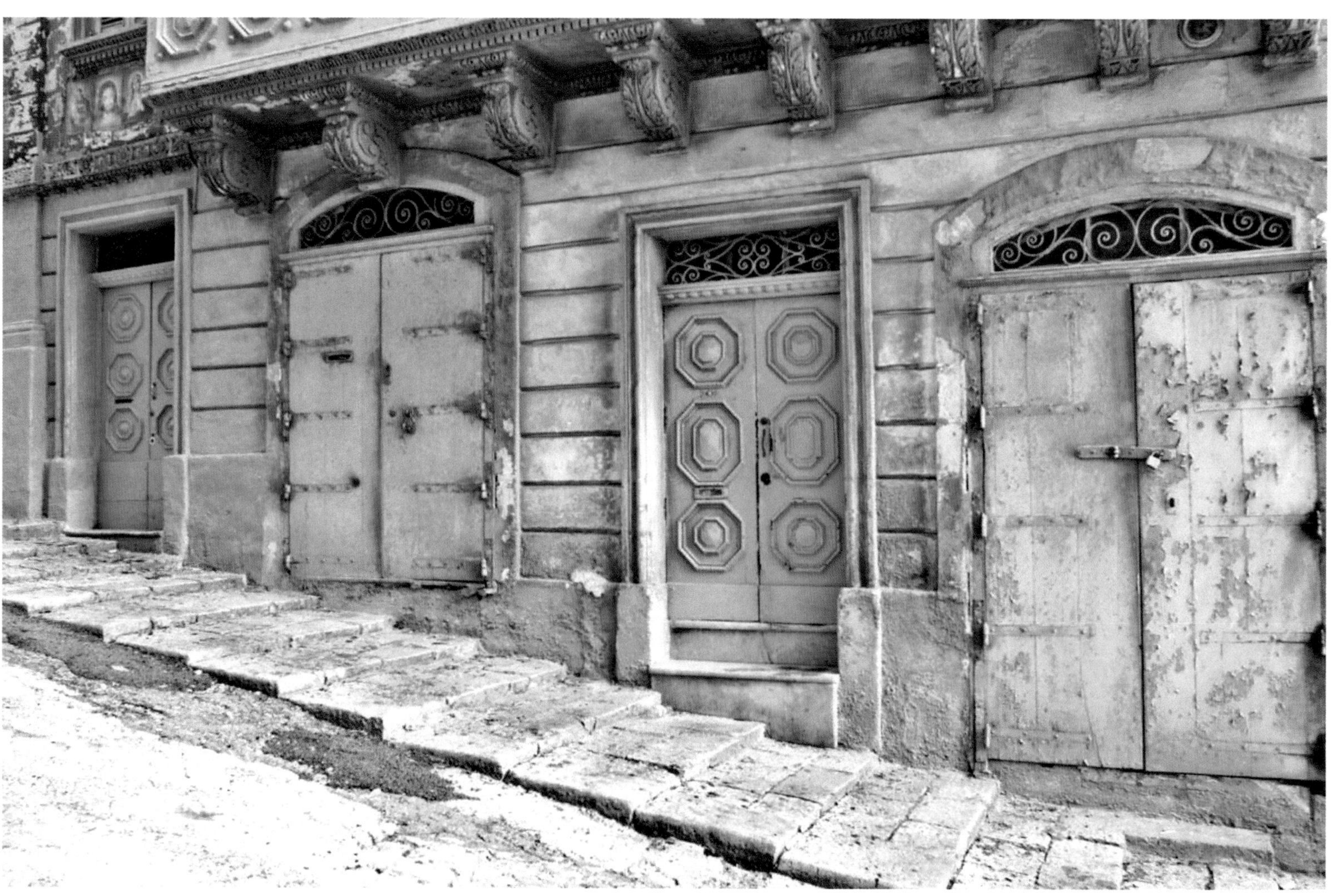

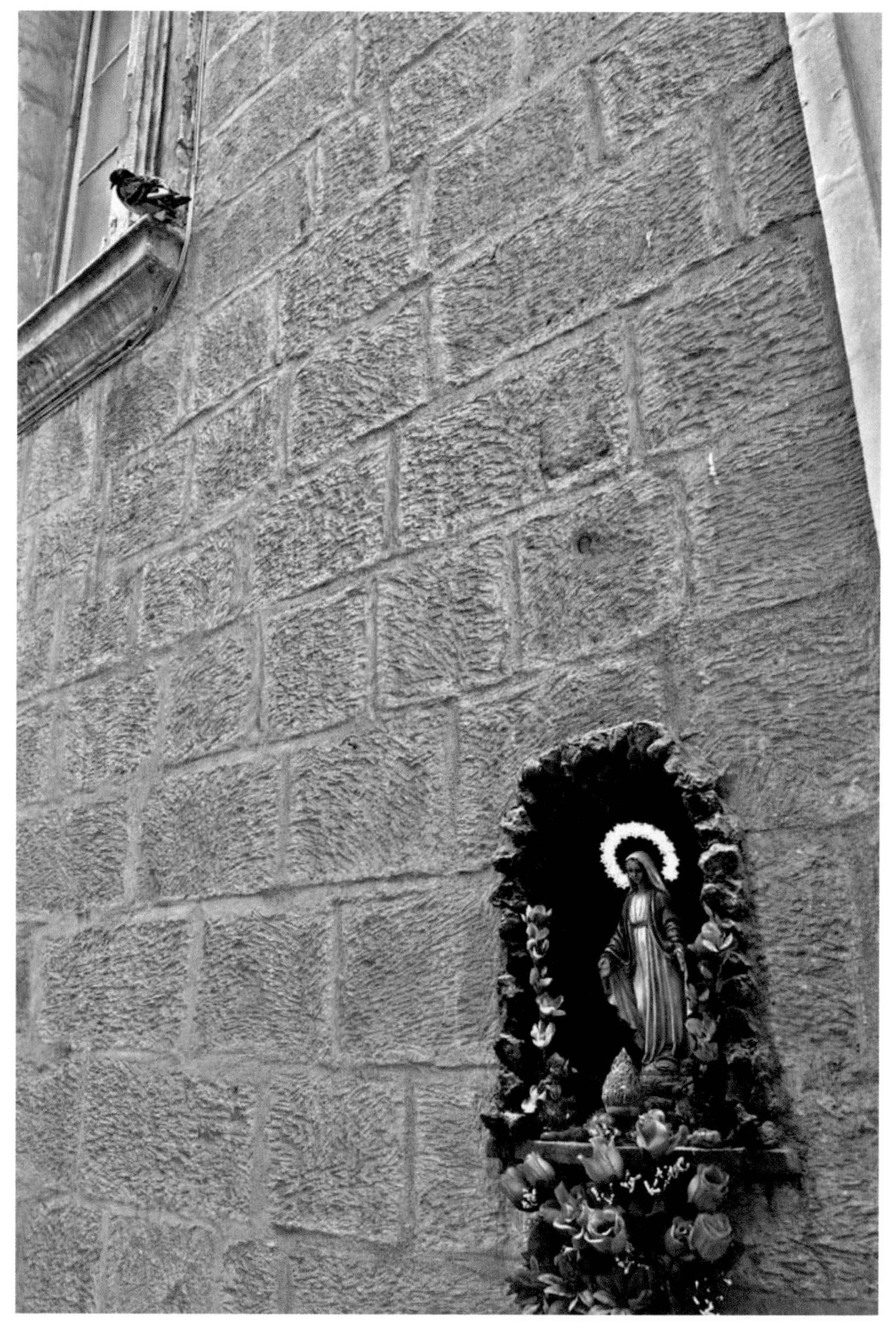

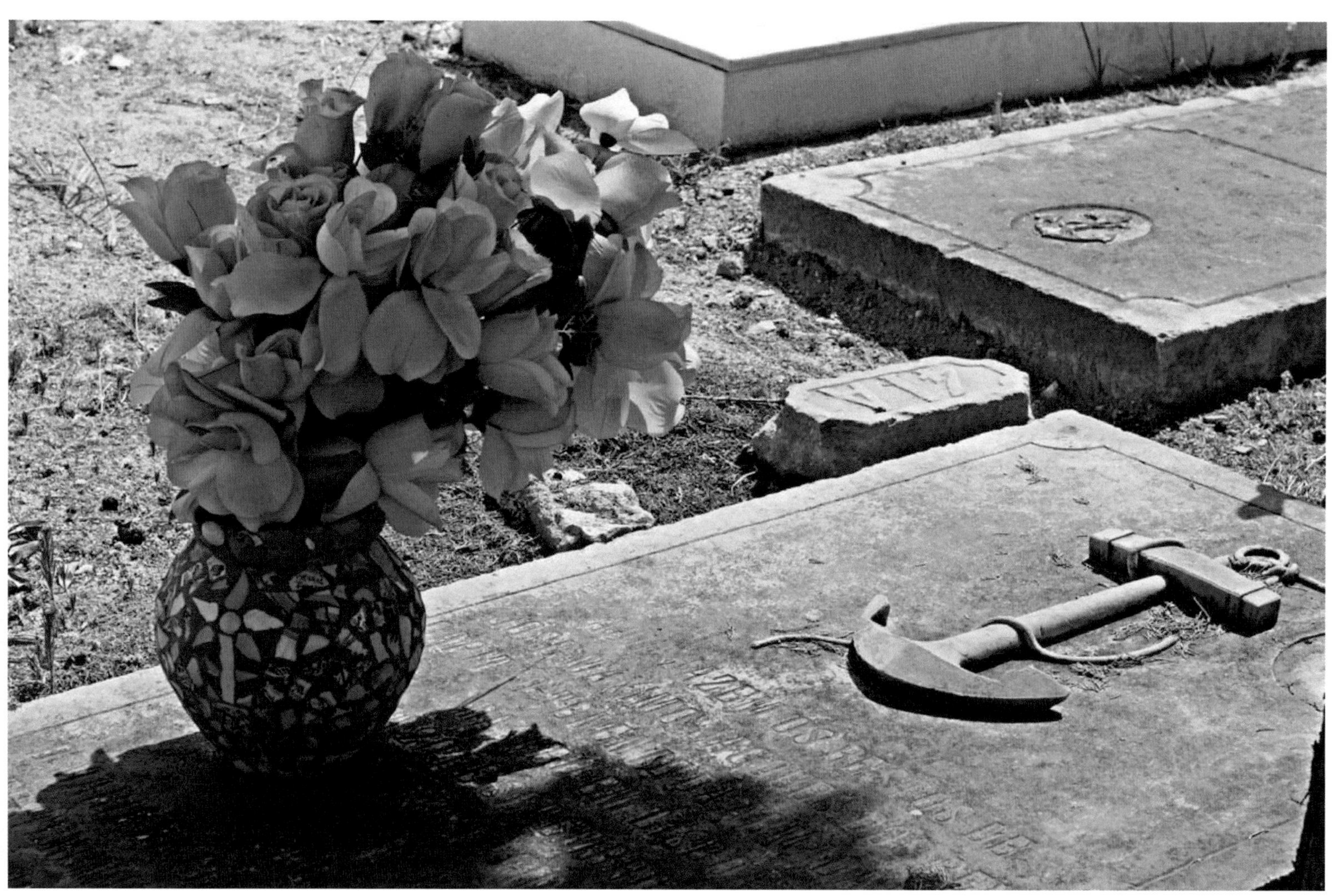

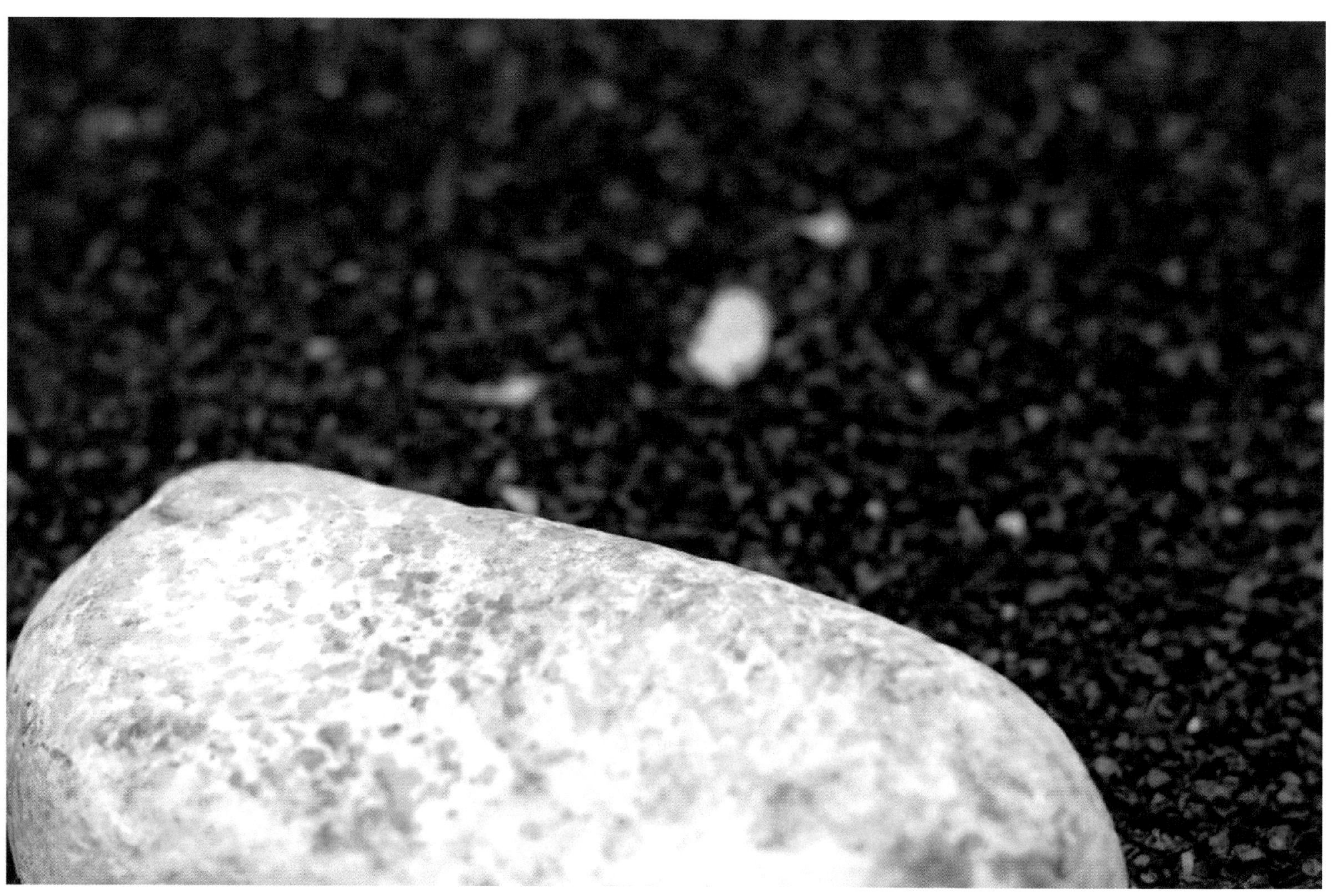

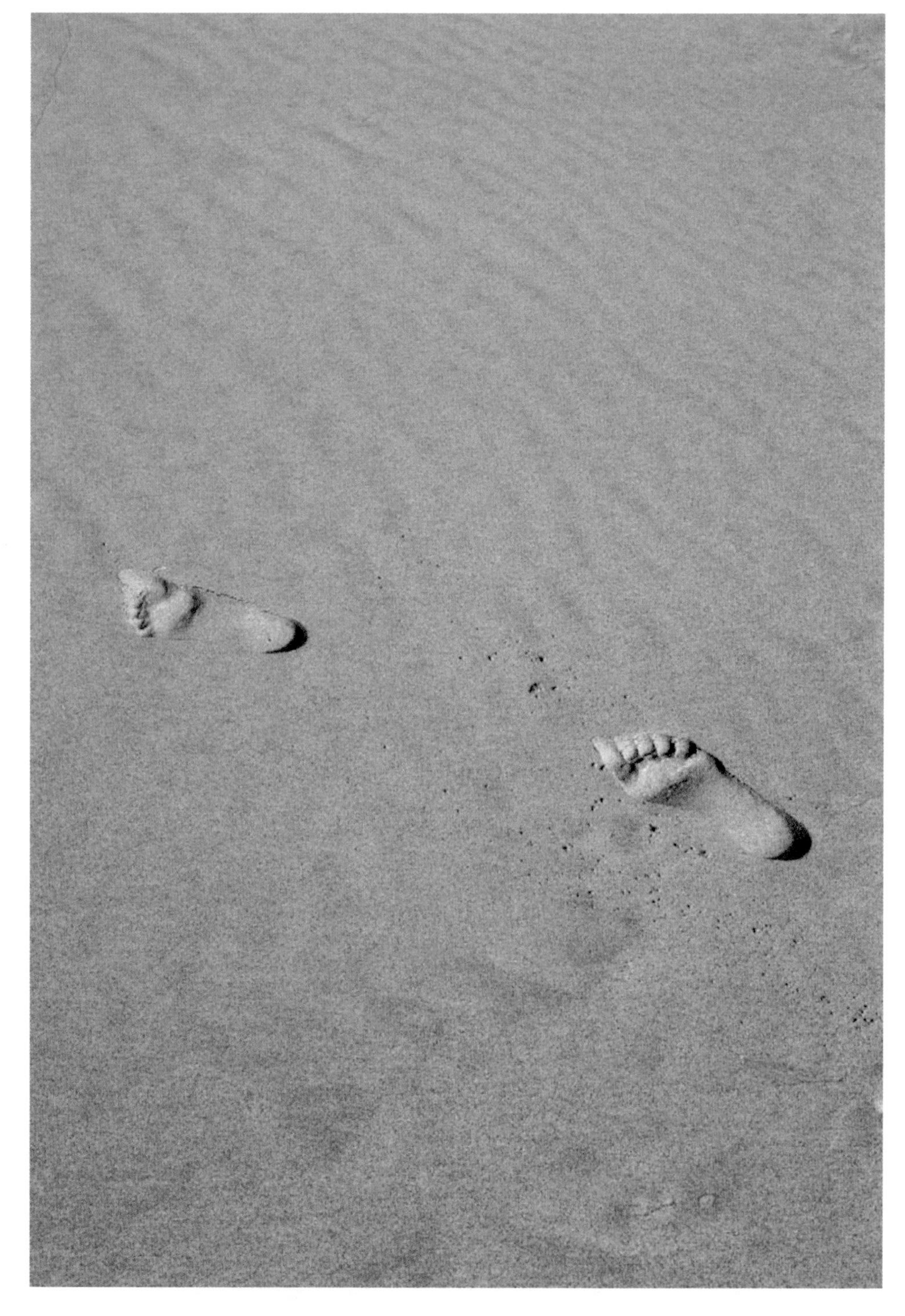

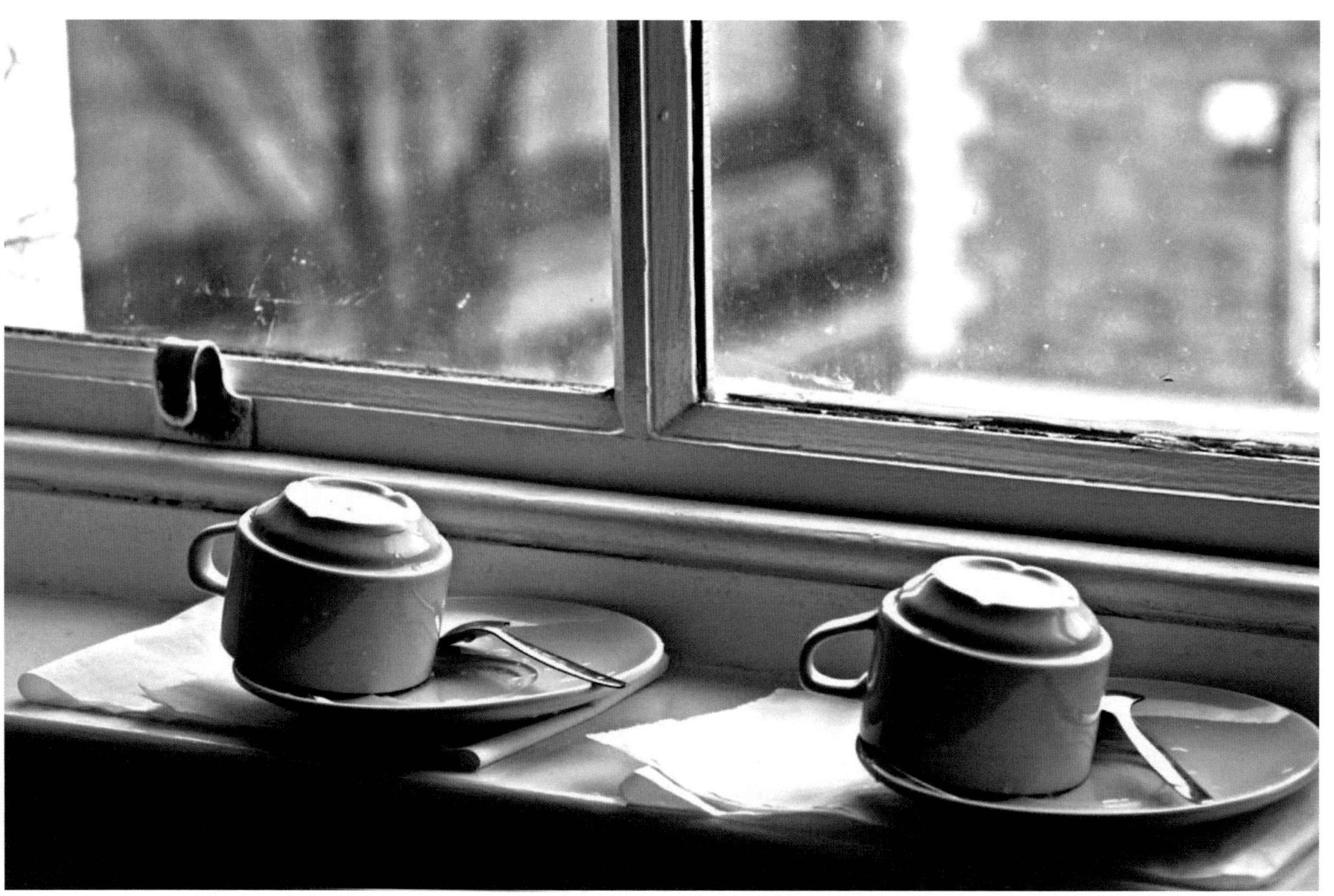

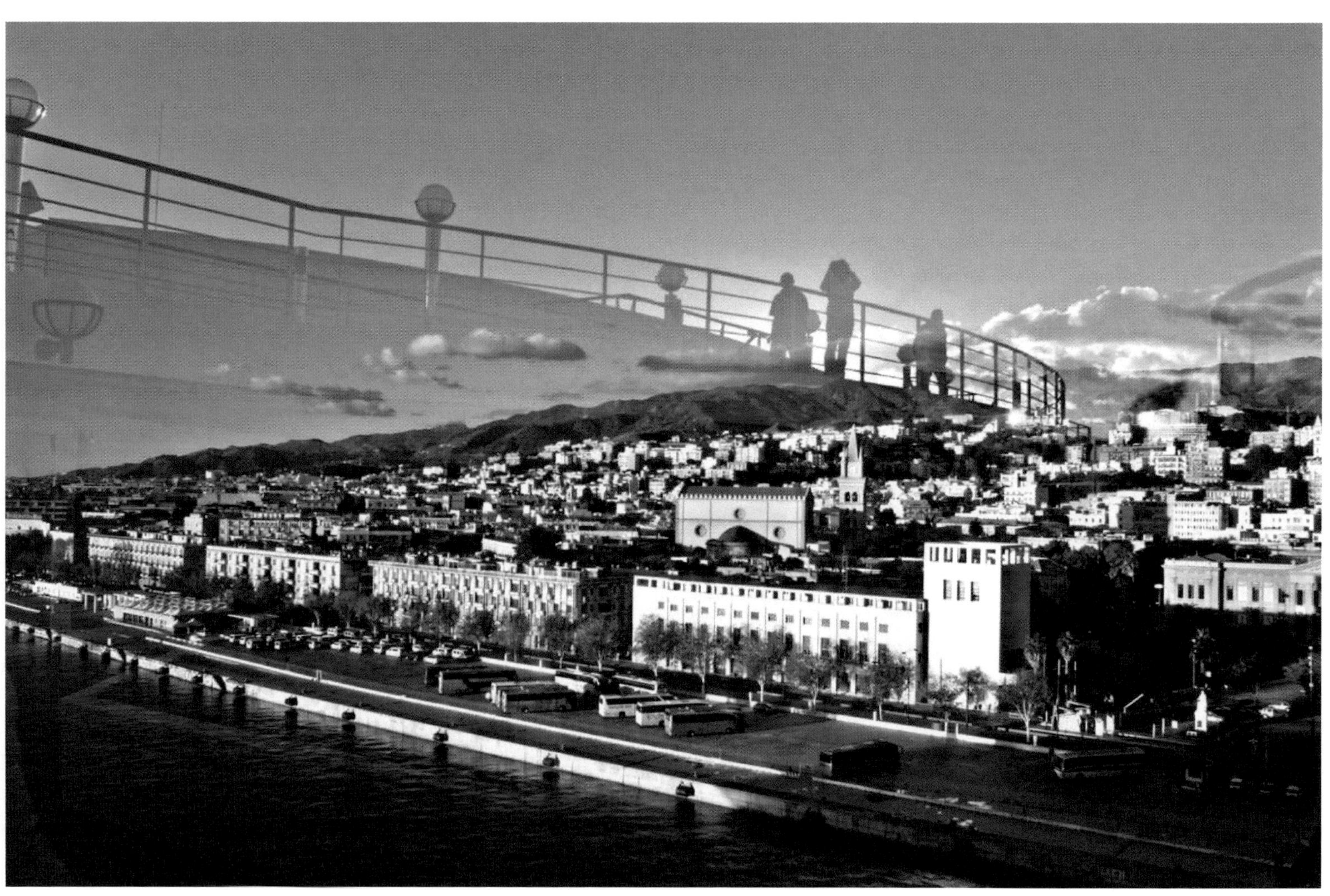

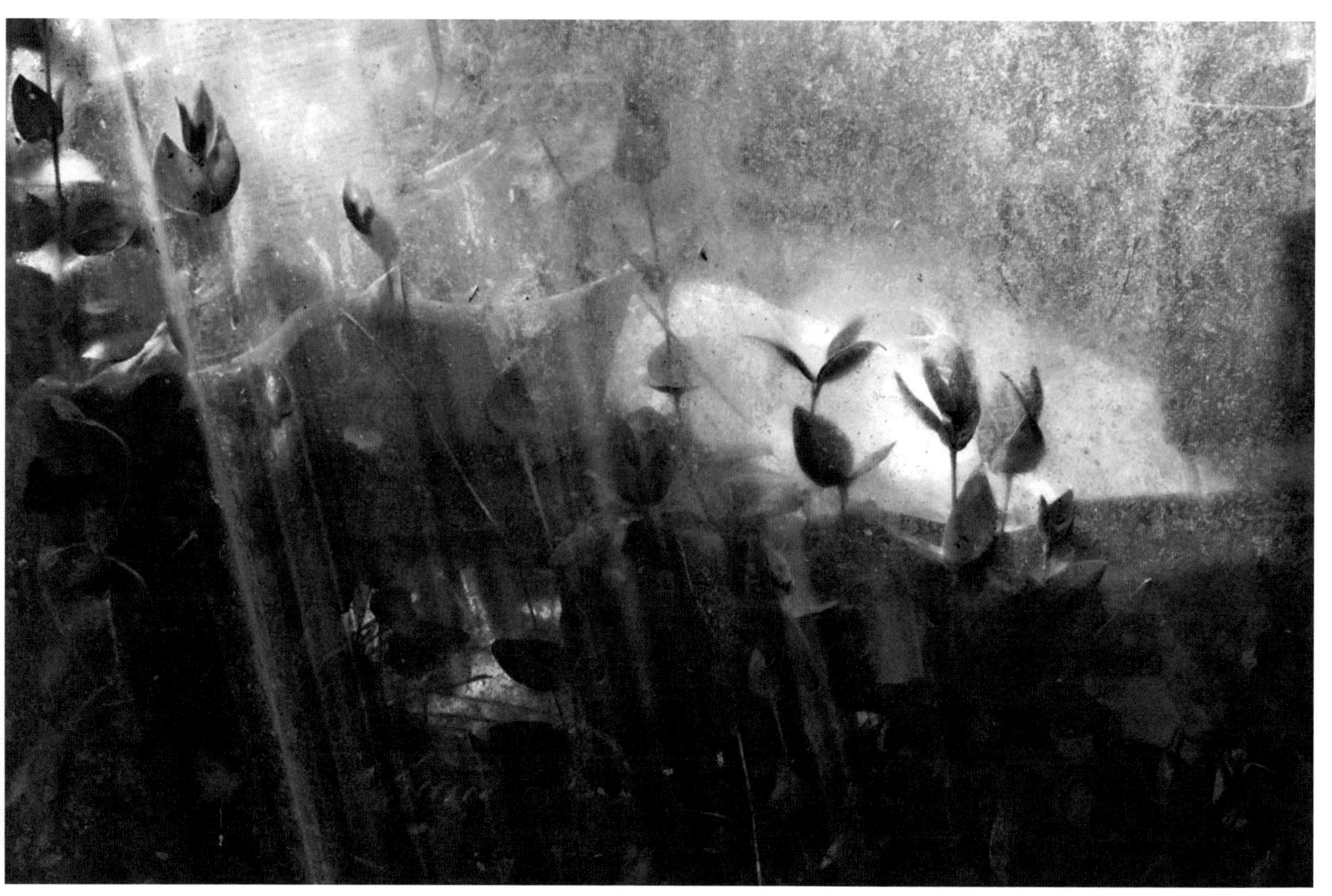

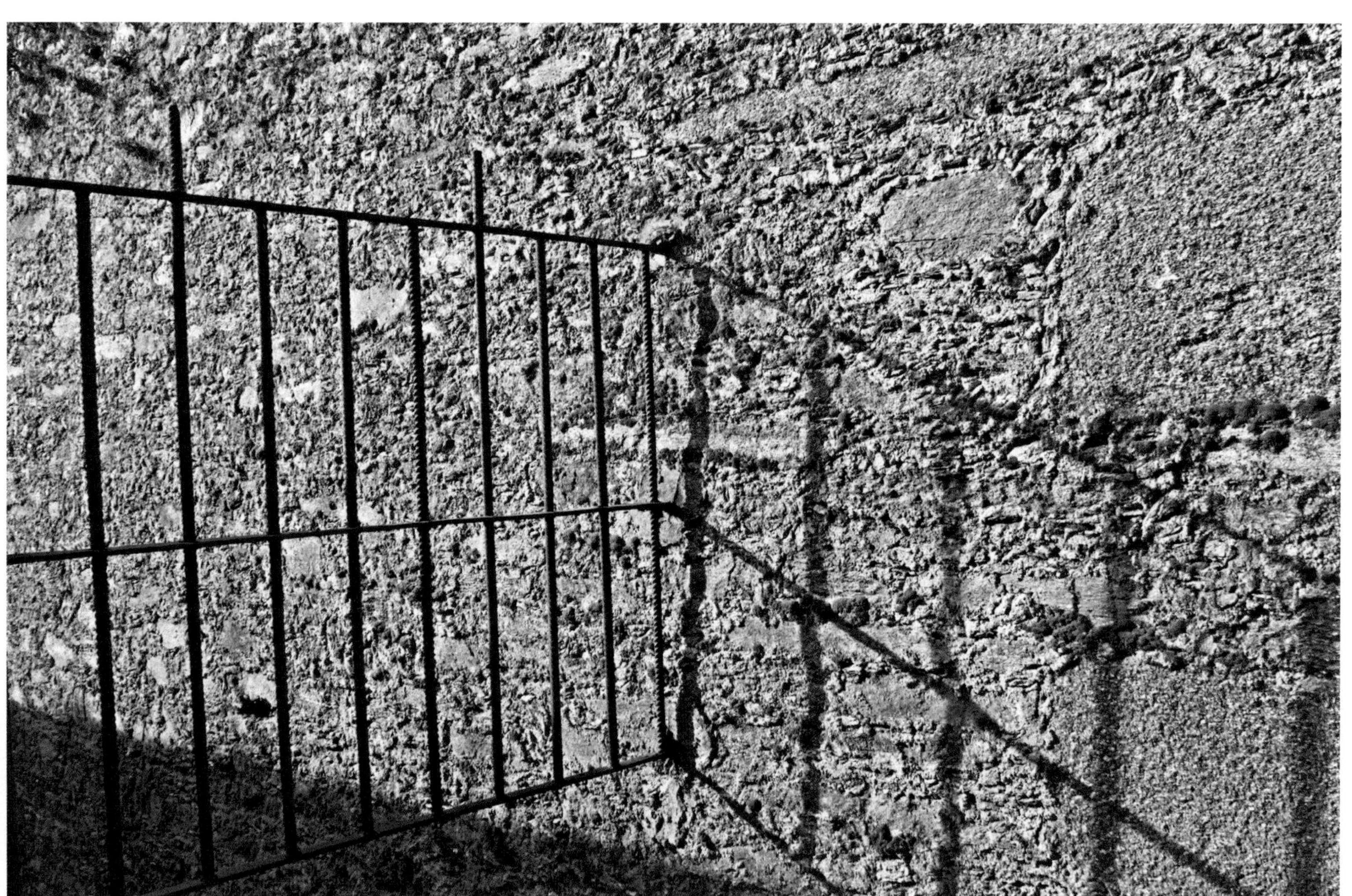

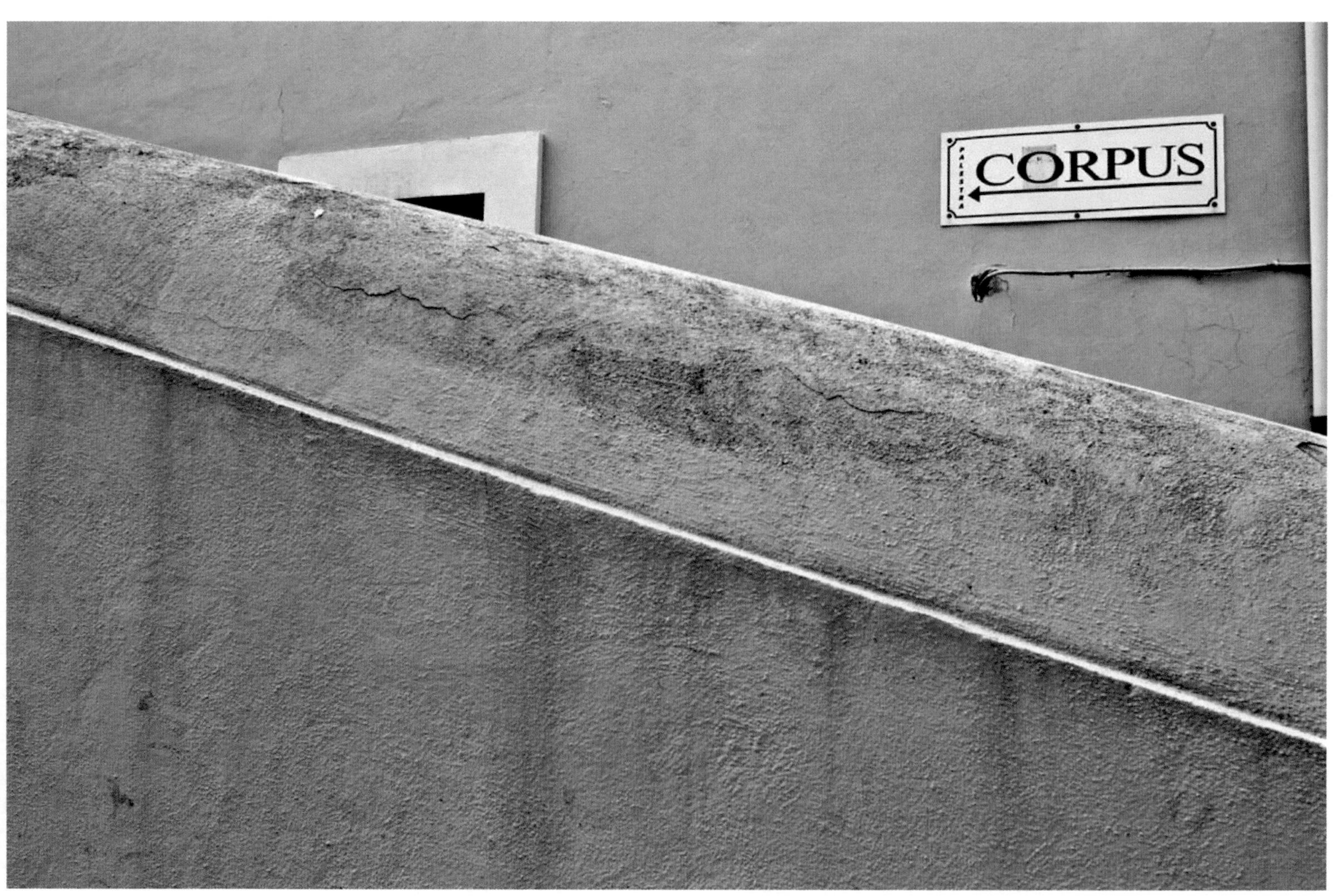
CORPUS

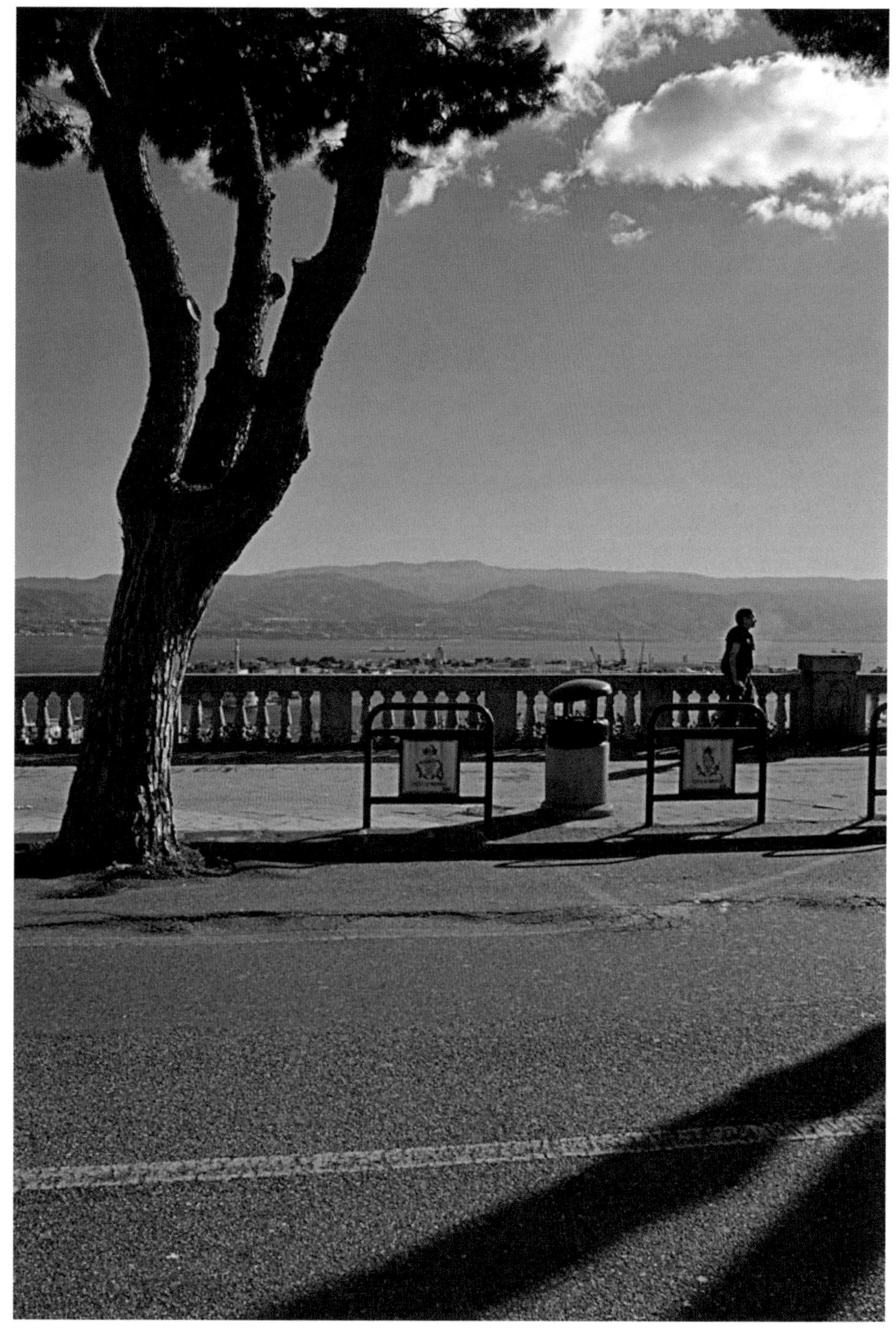

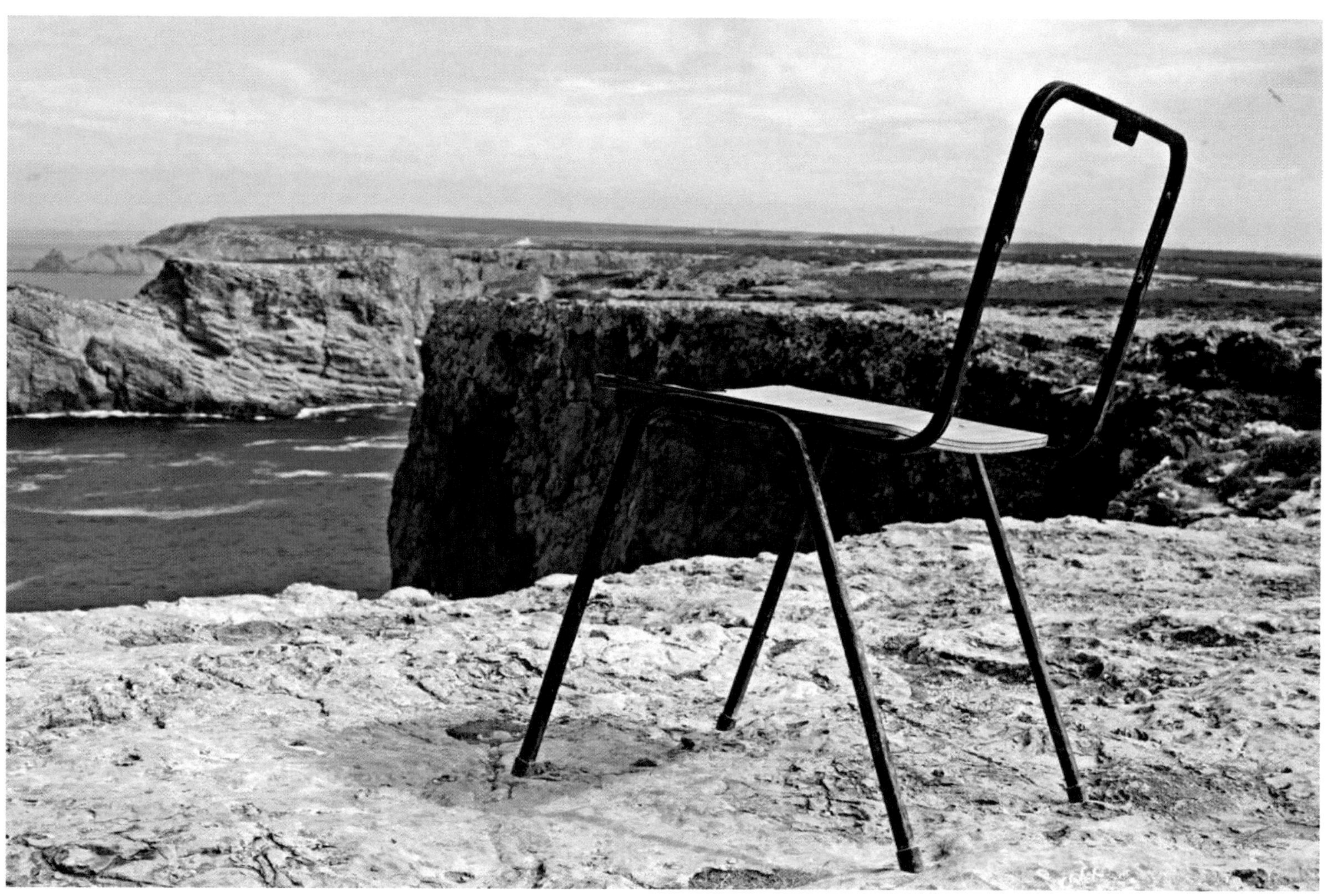

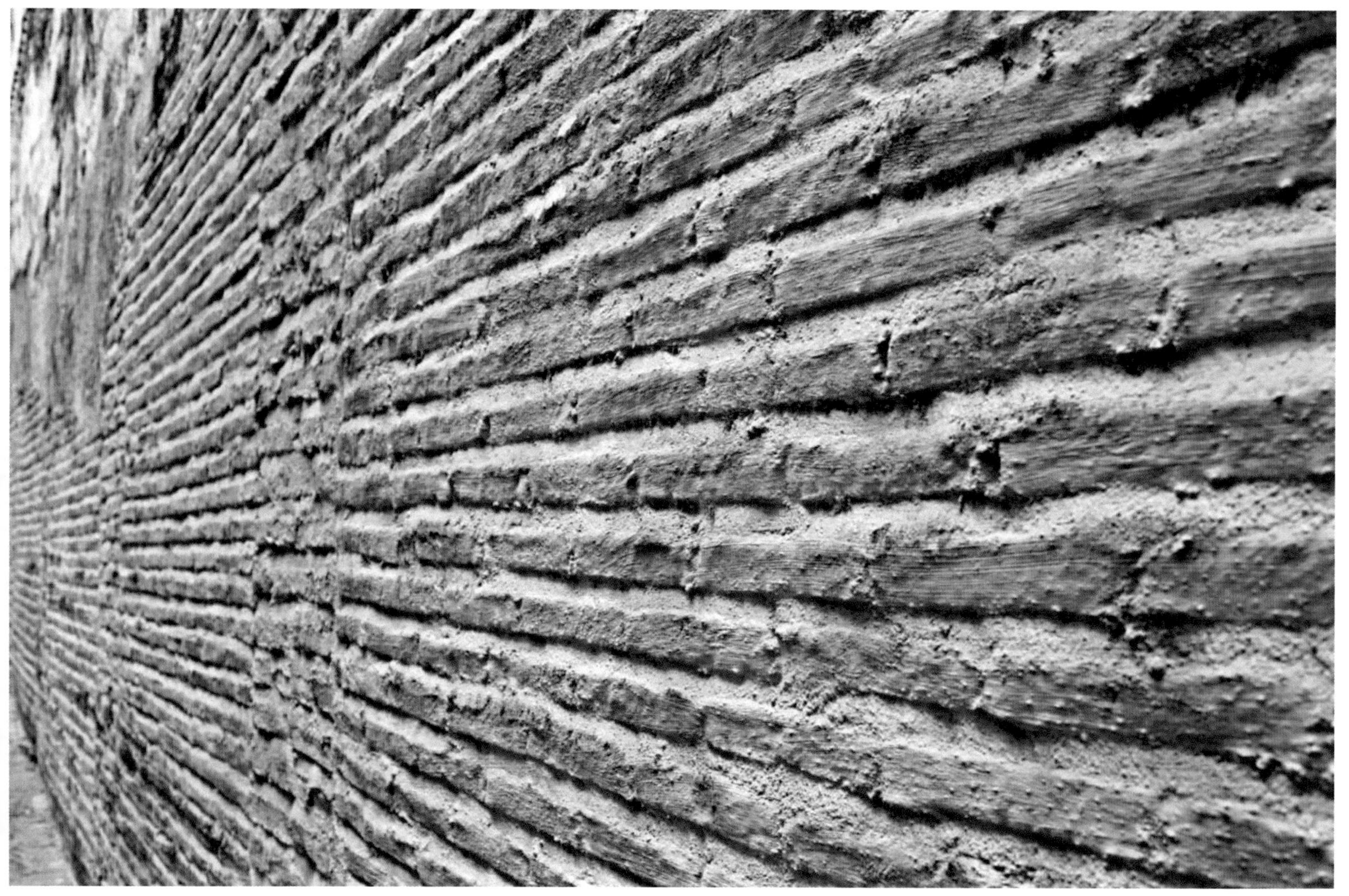

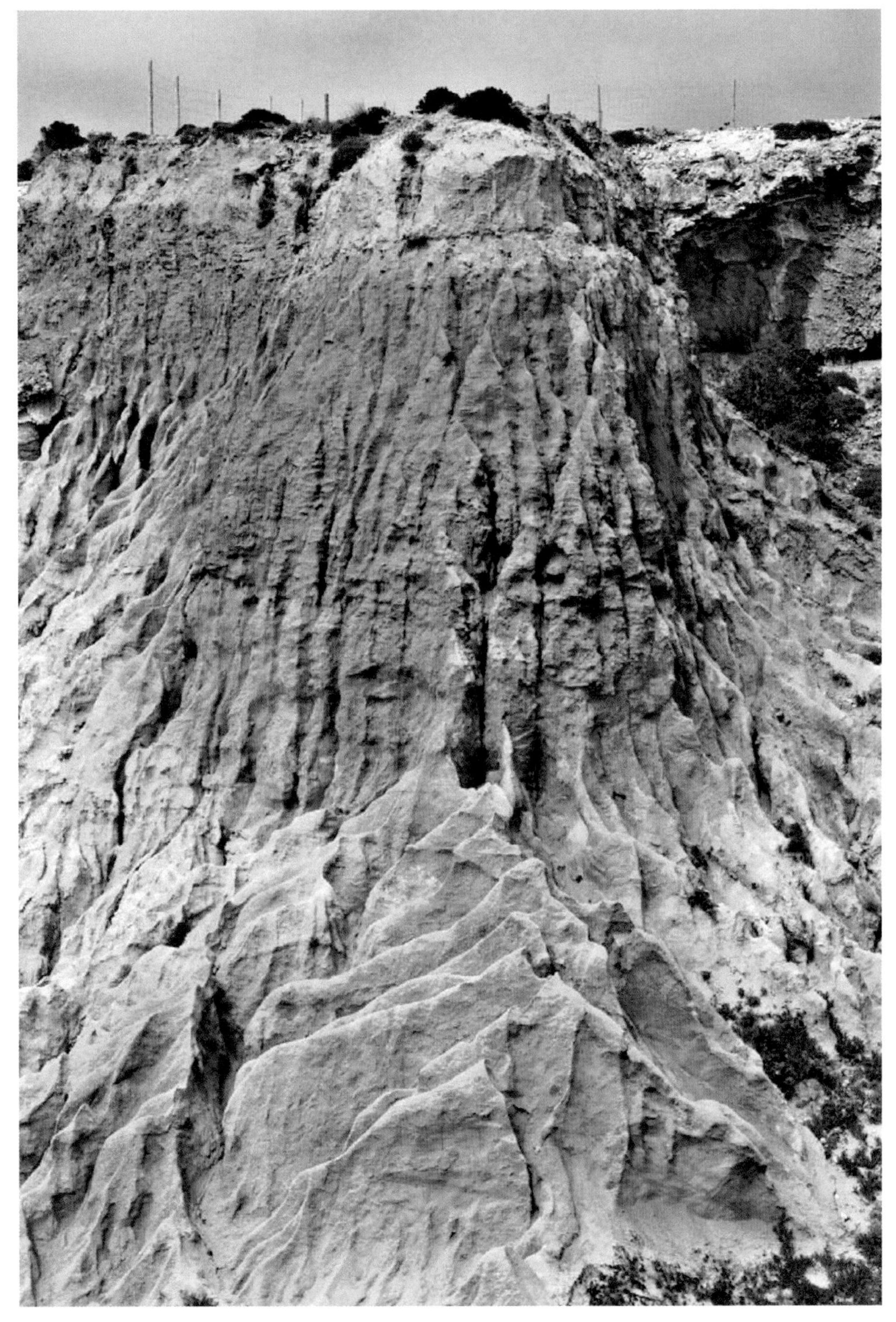

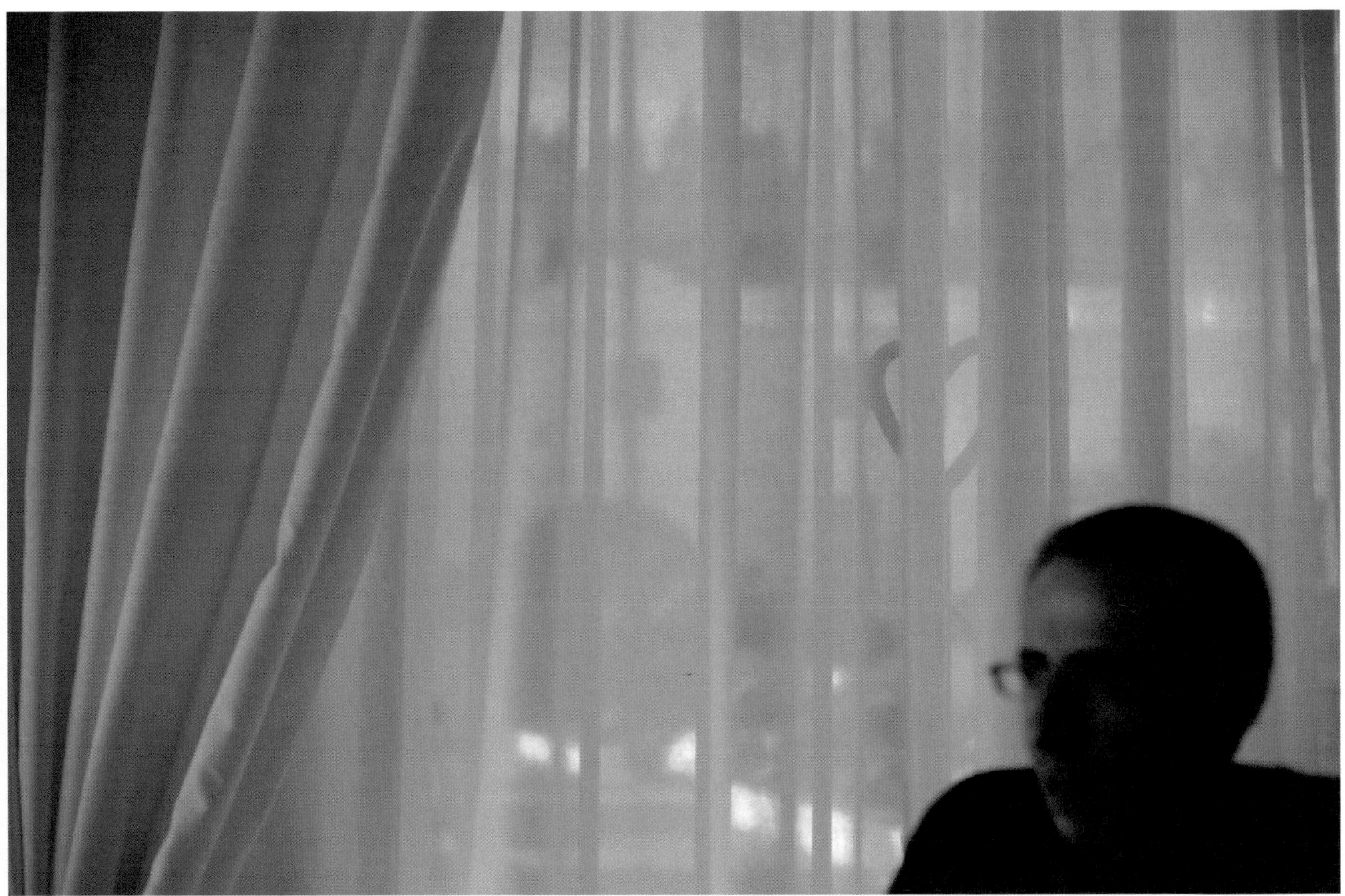

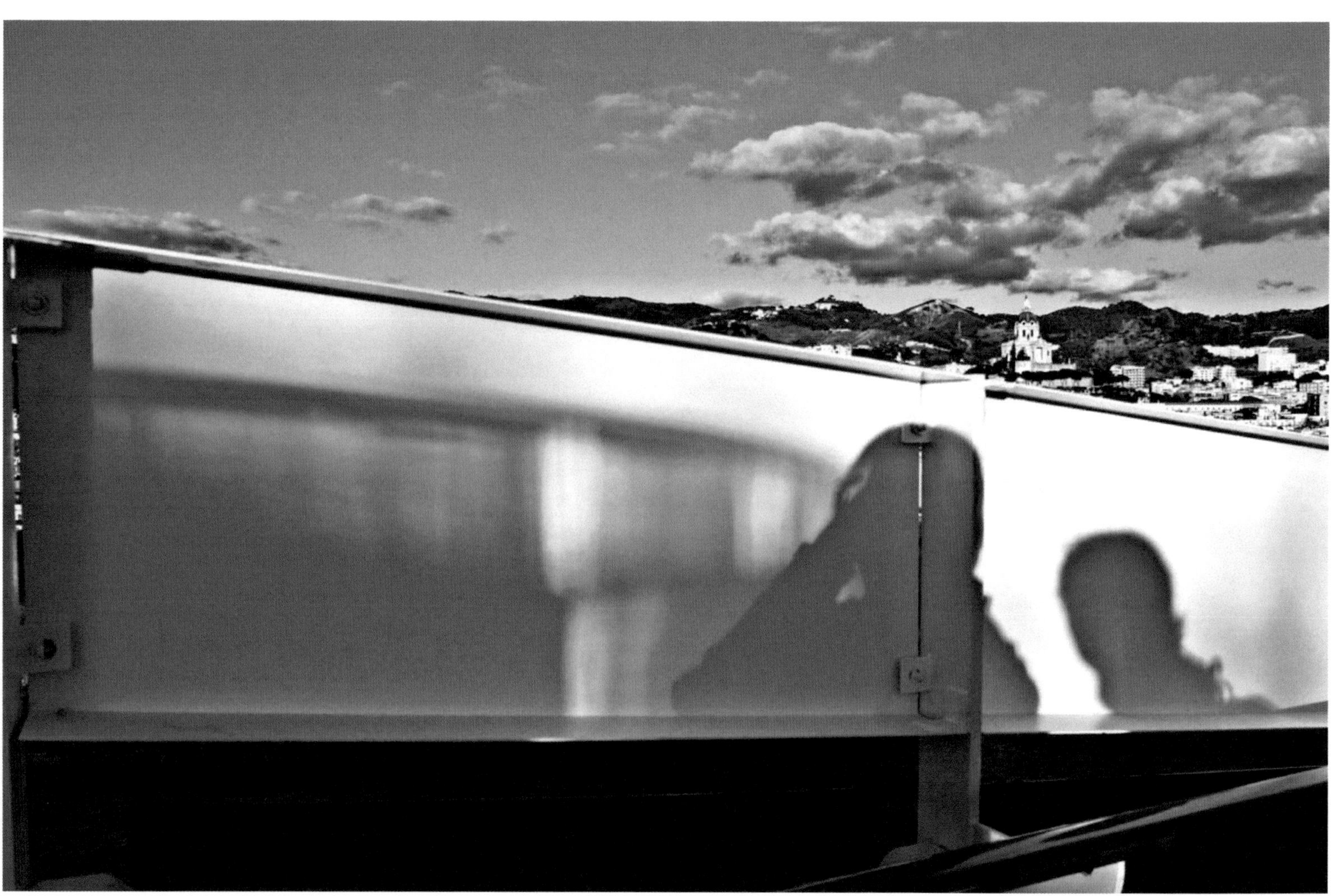

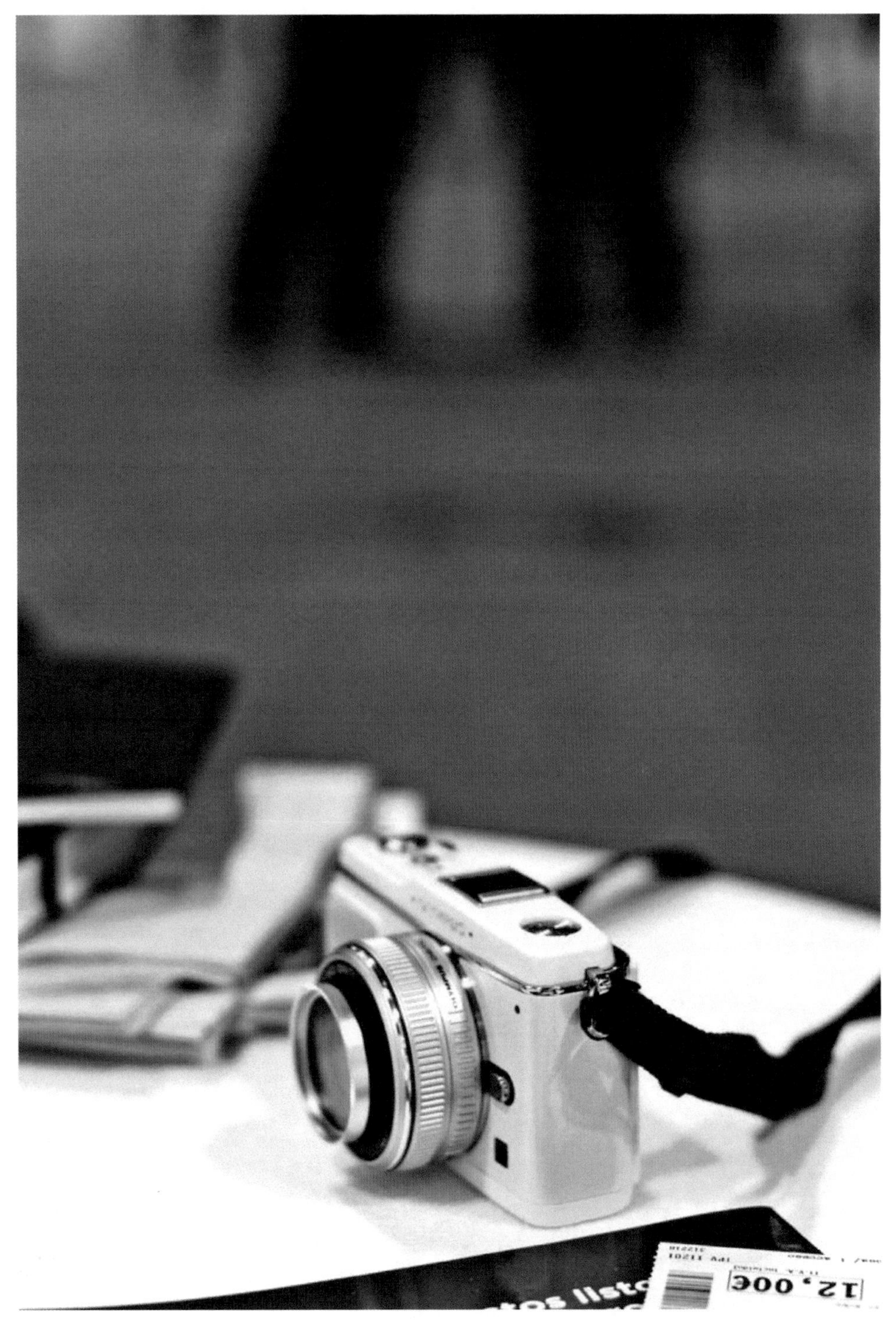
12,00€

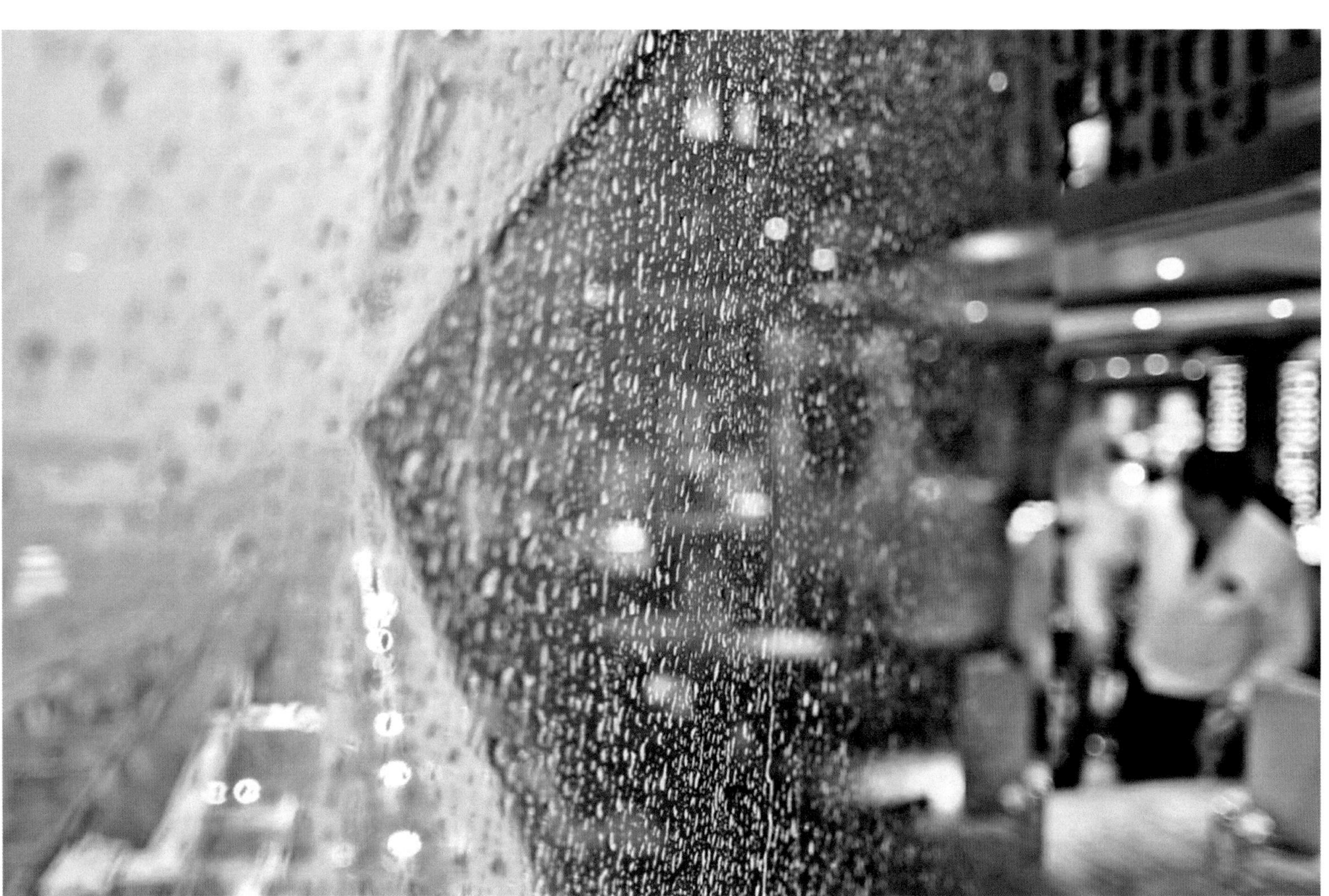

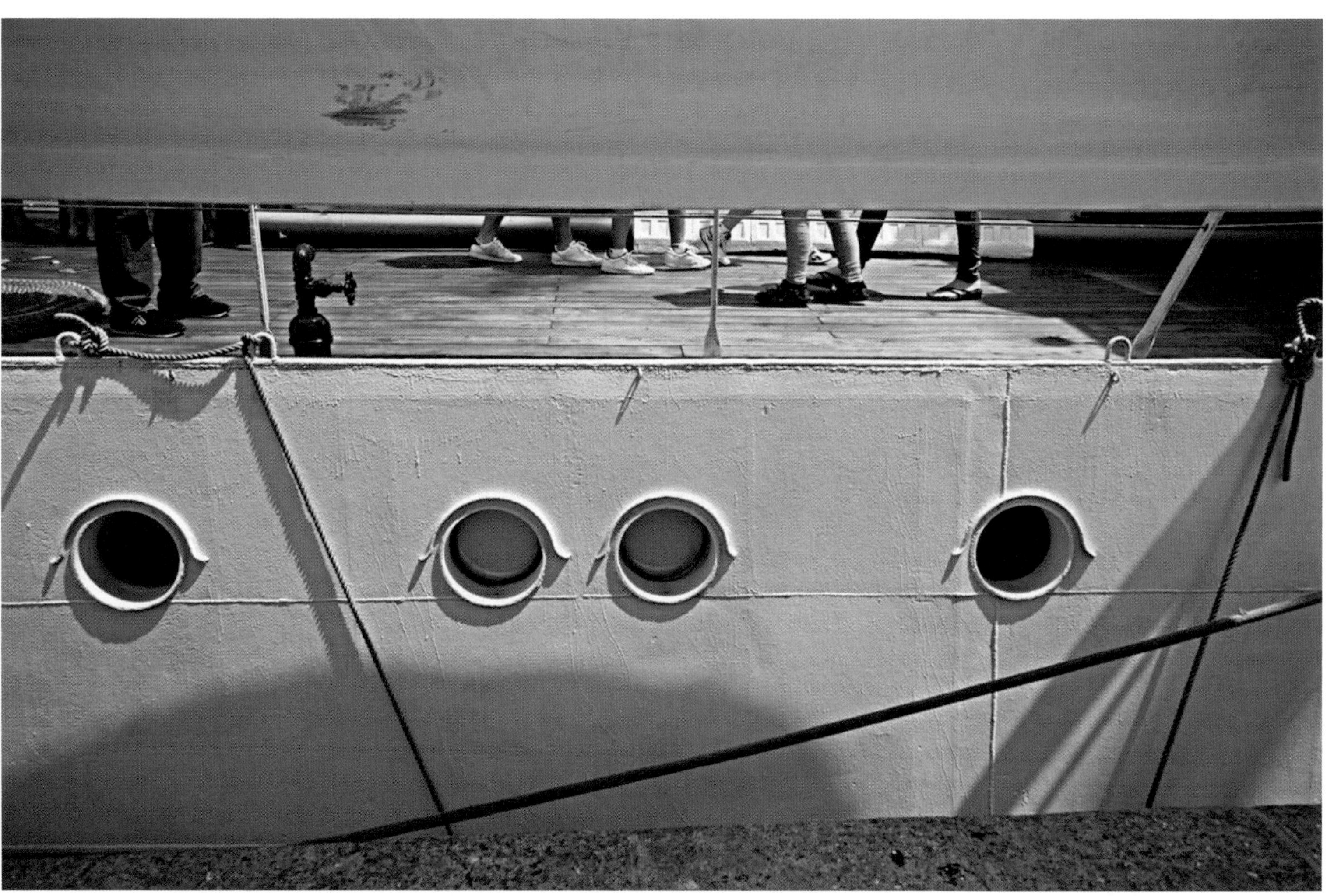

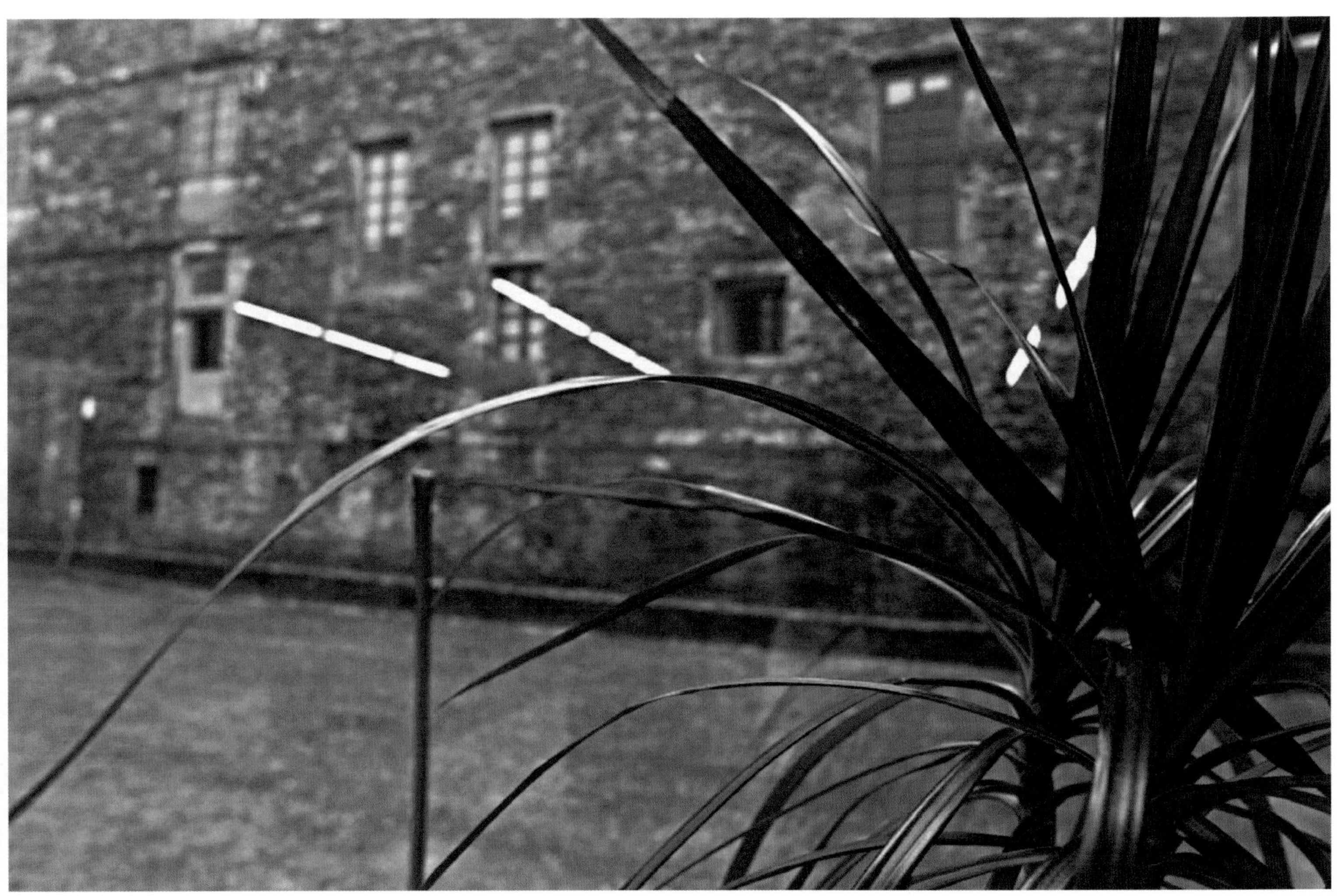

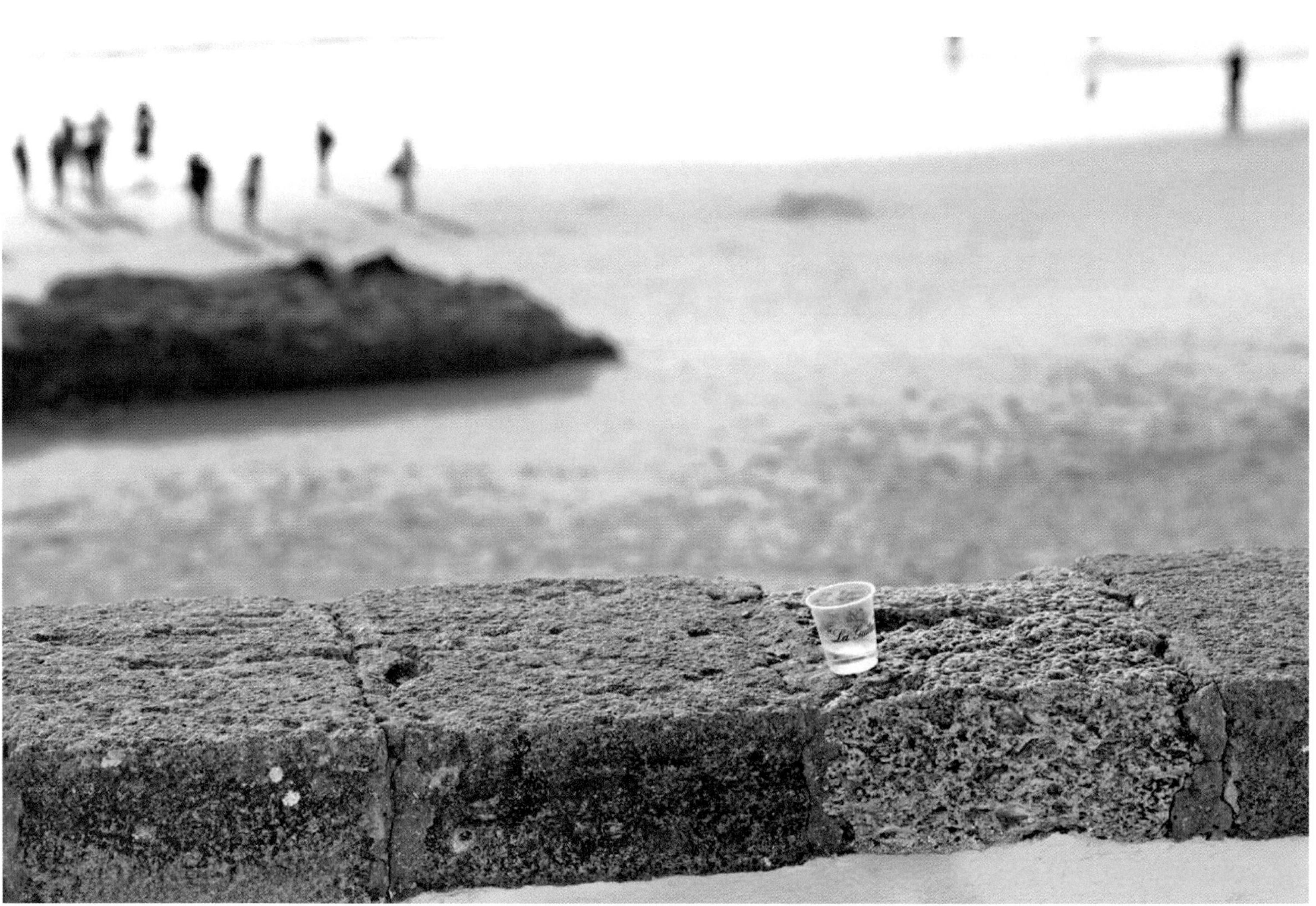

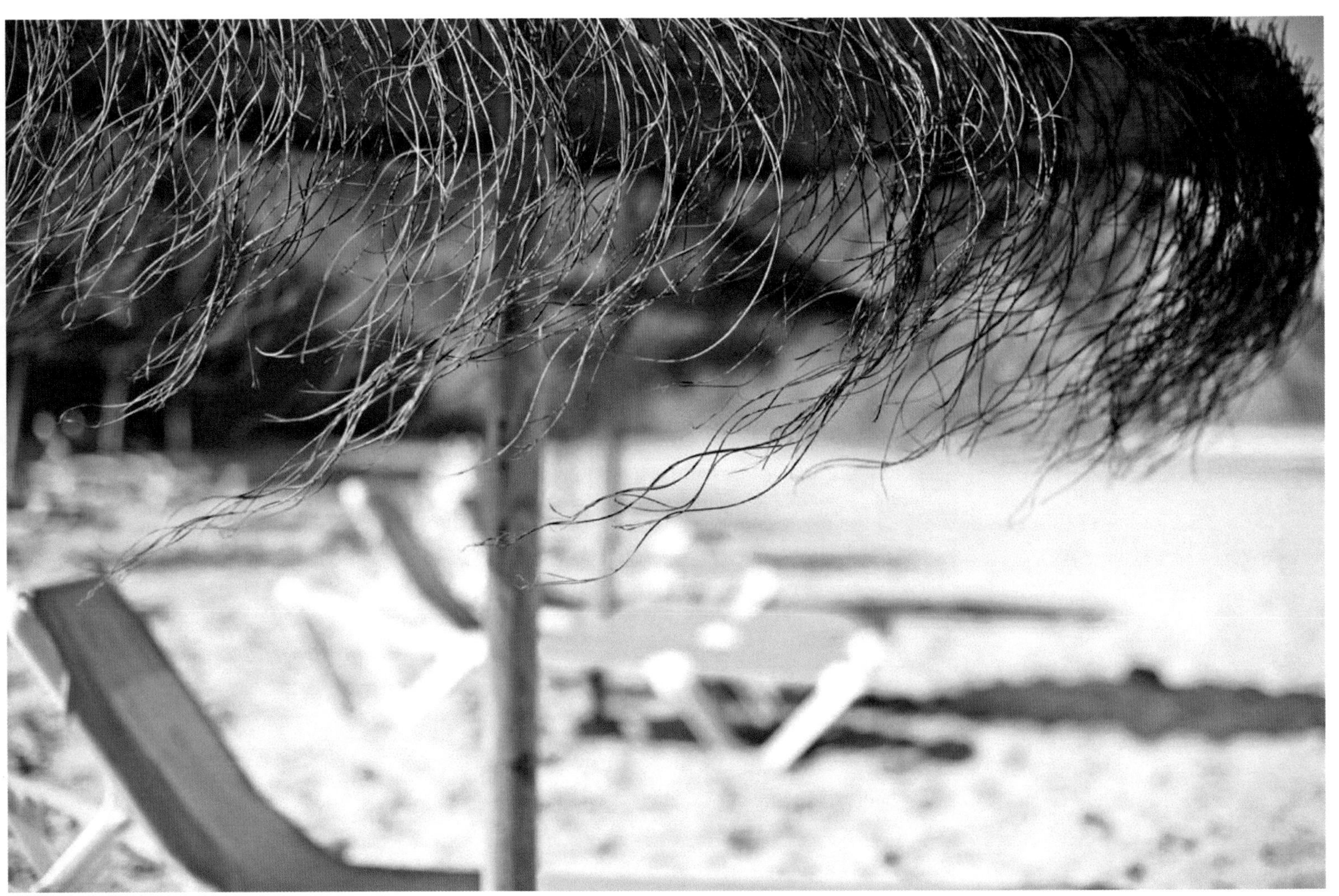

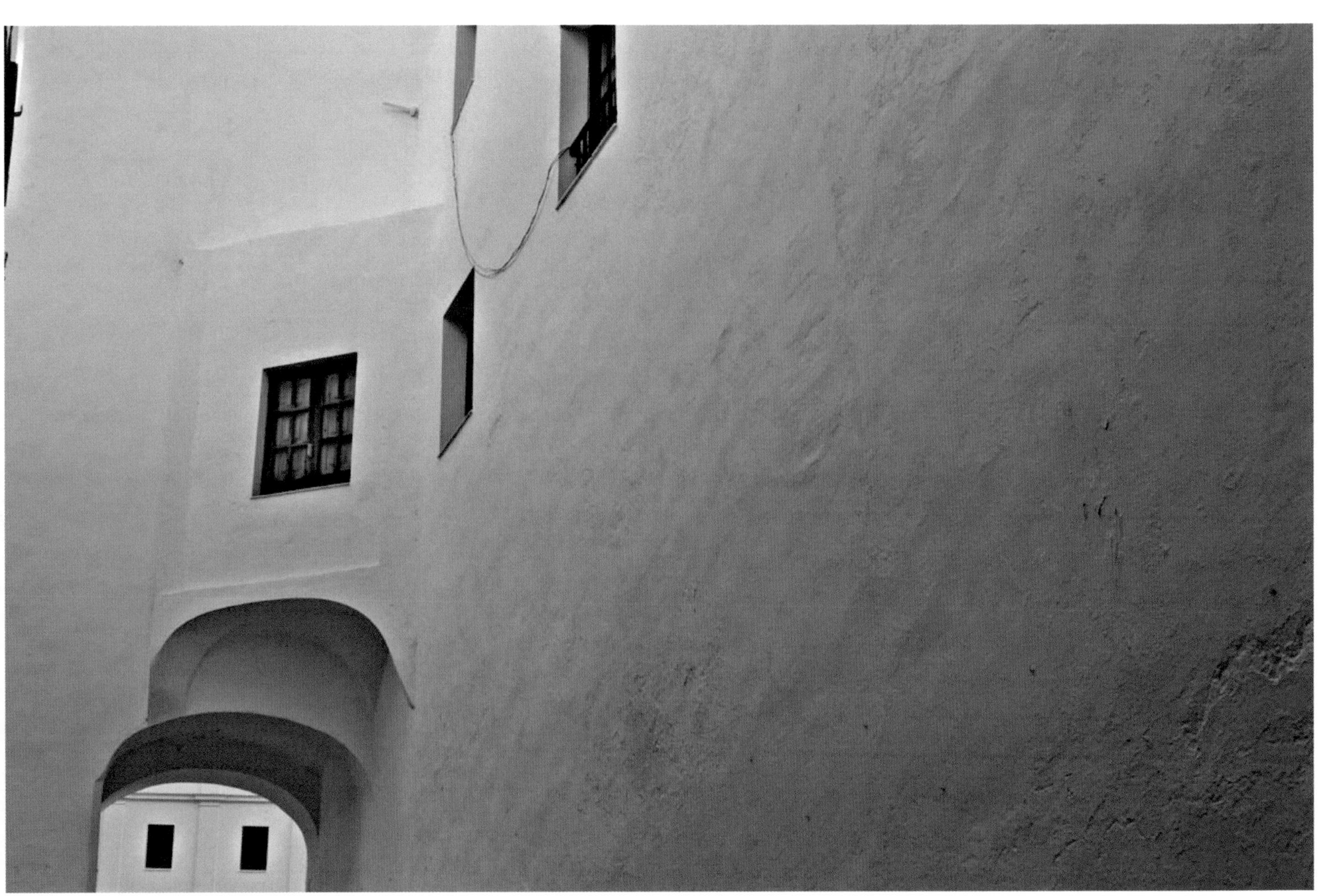

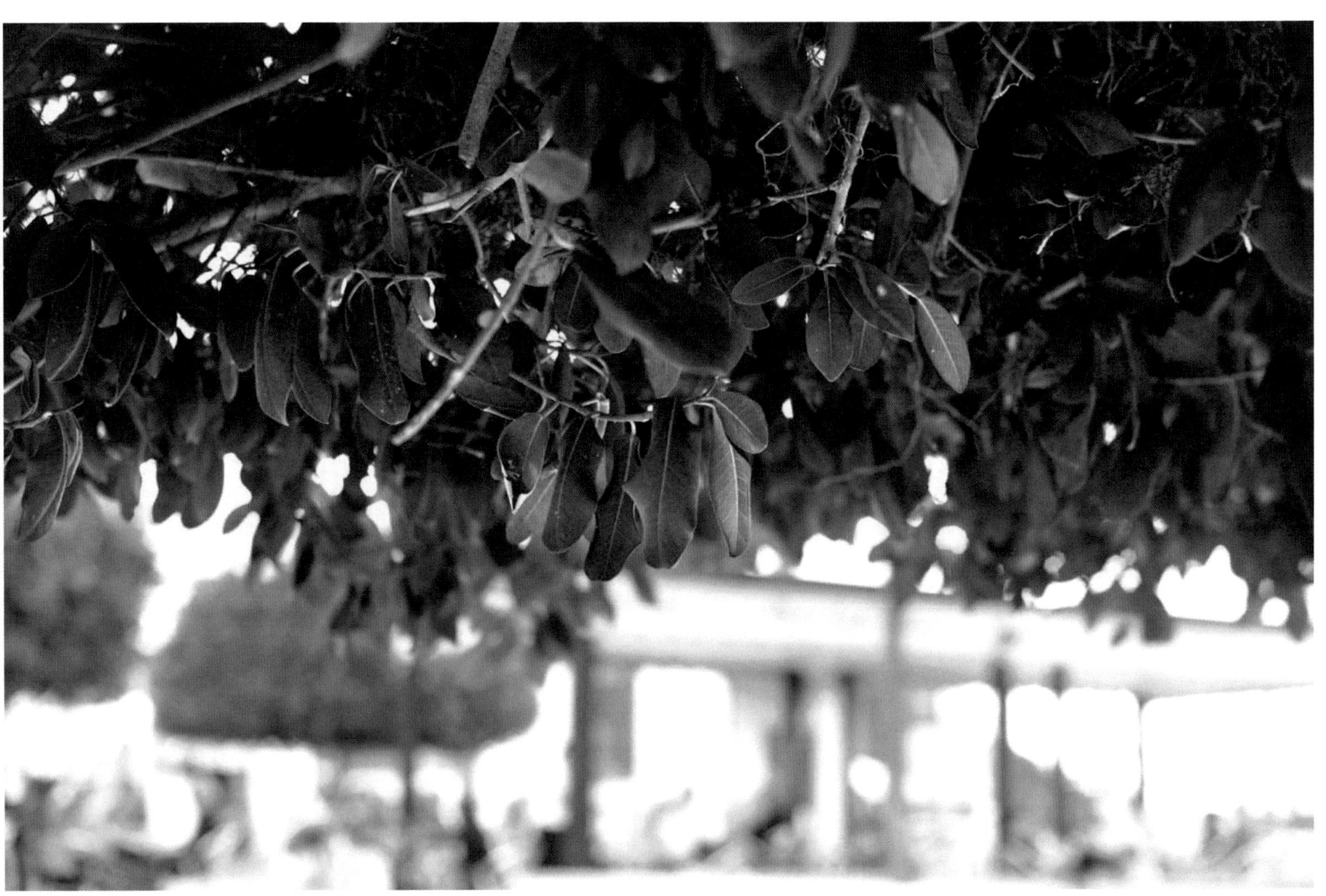

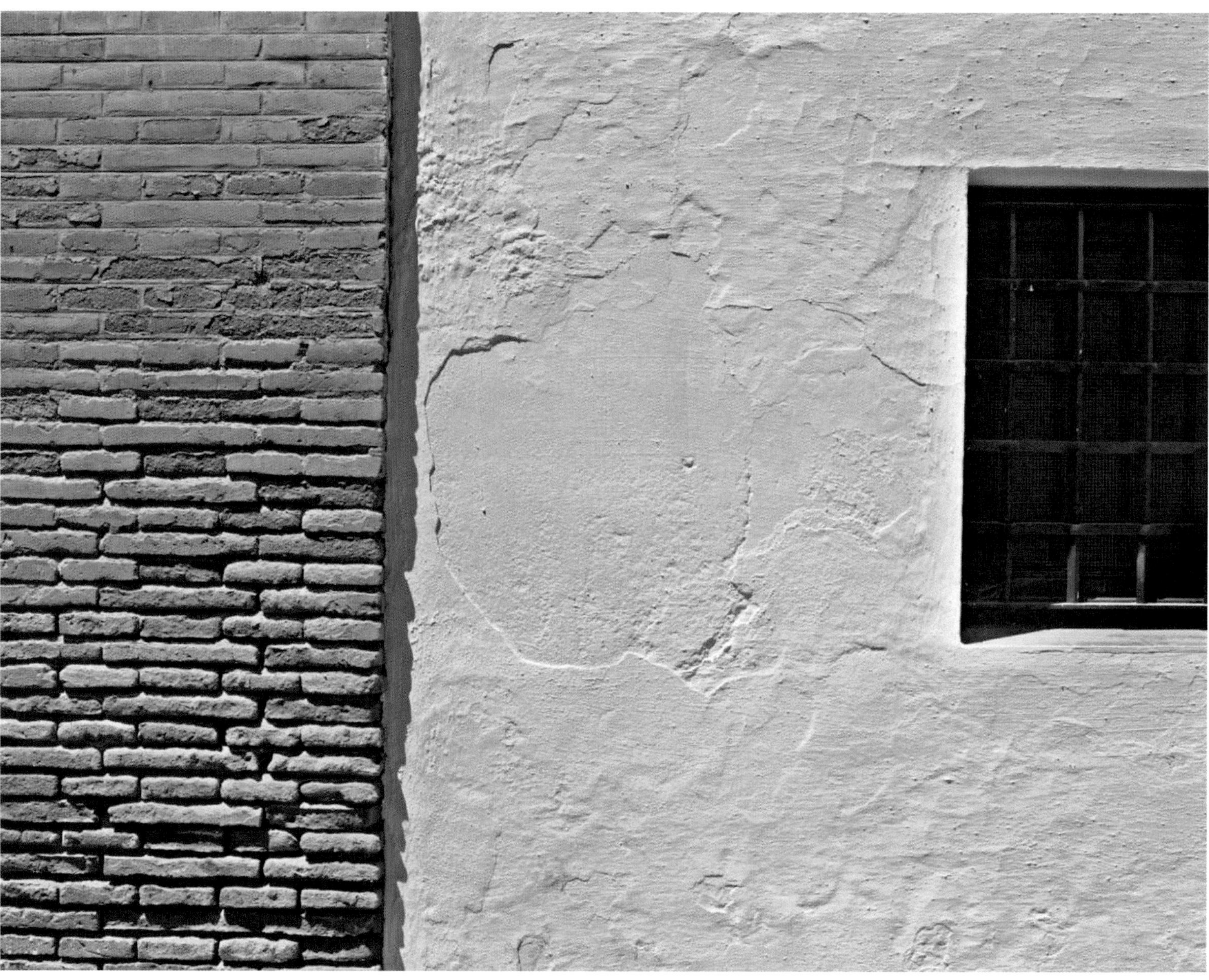

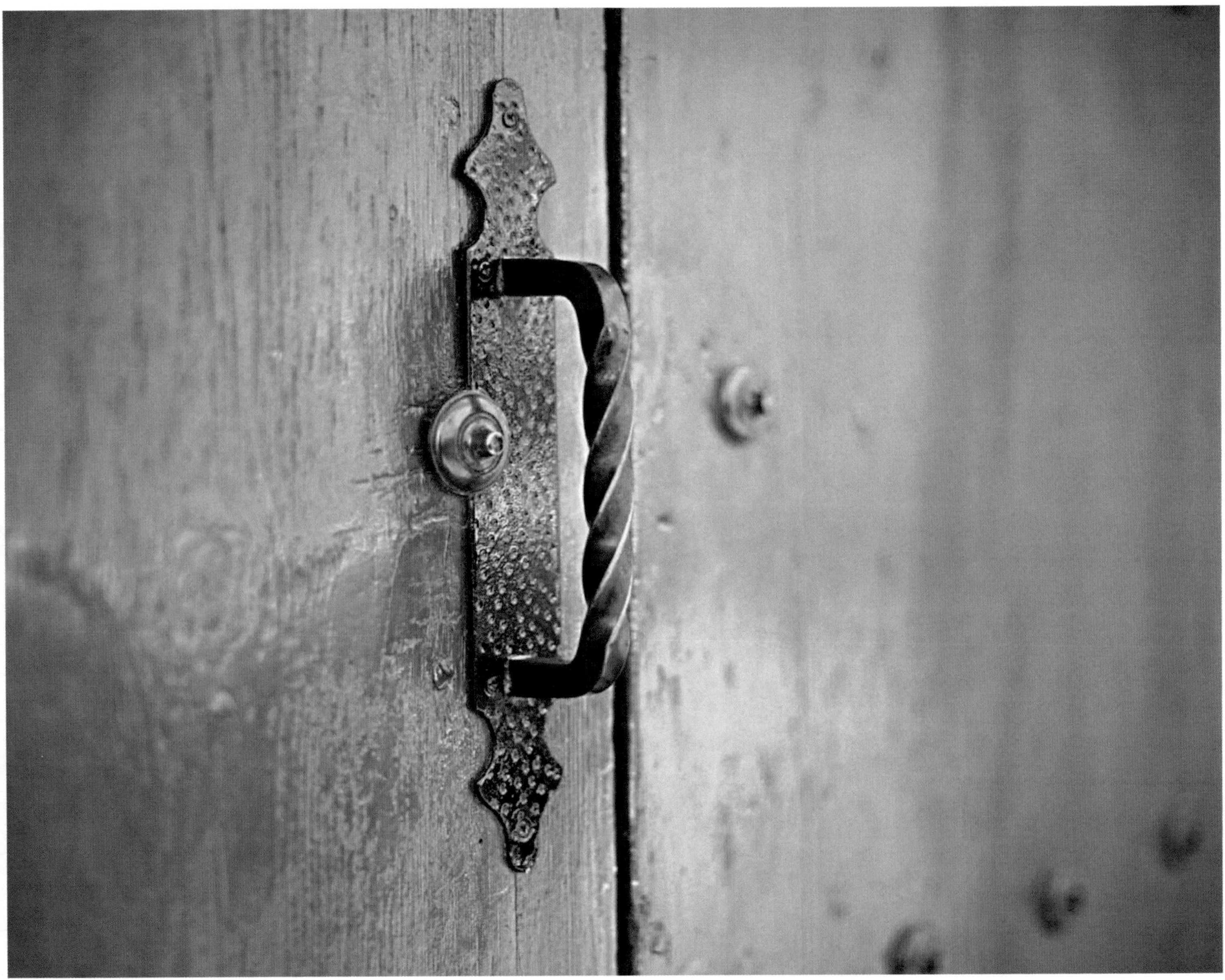

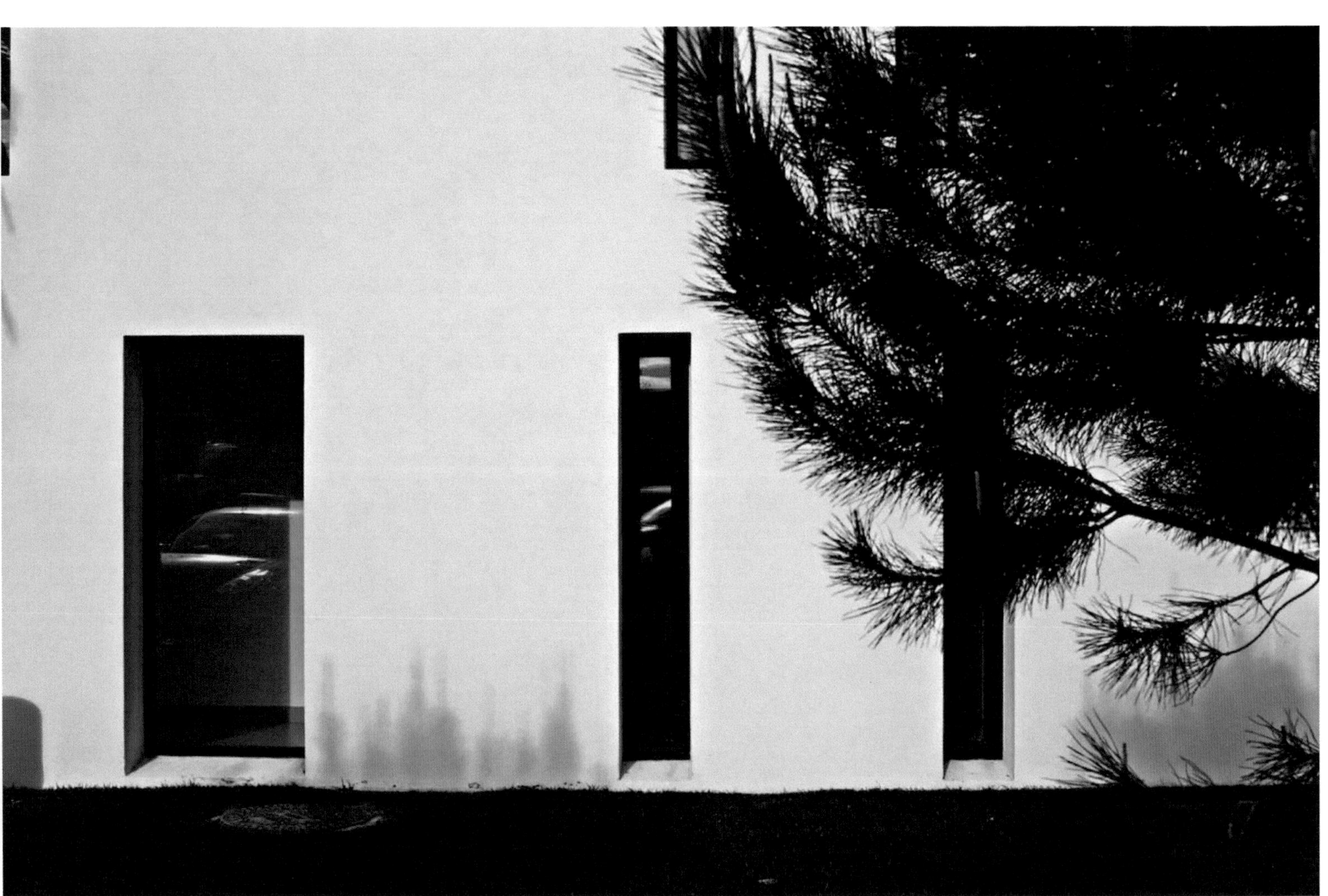

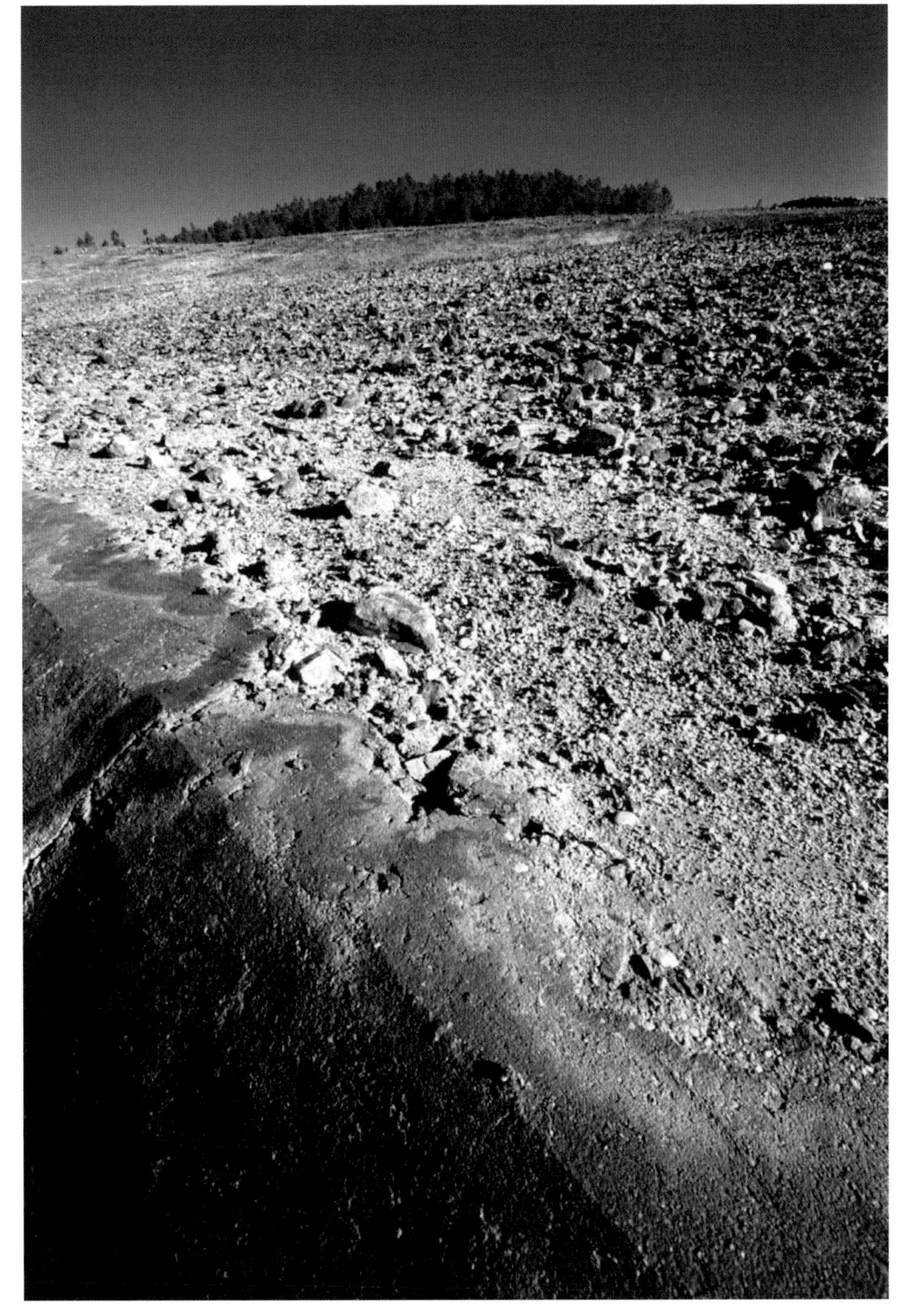

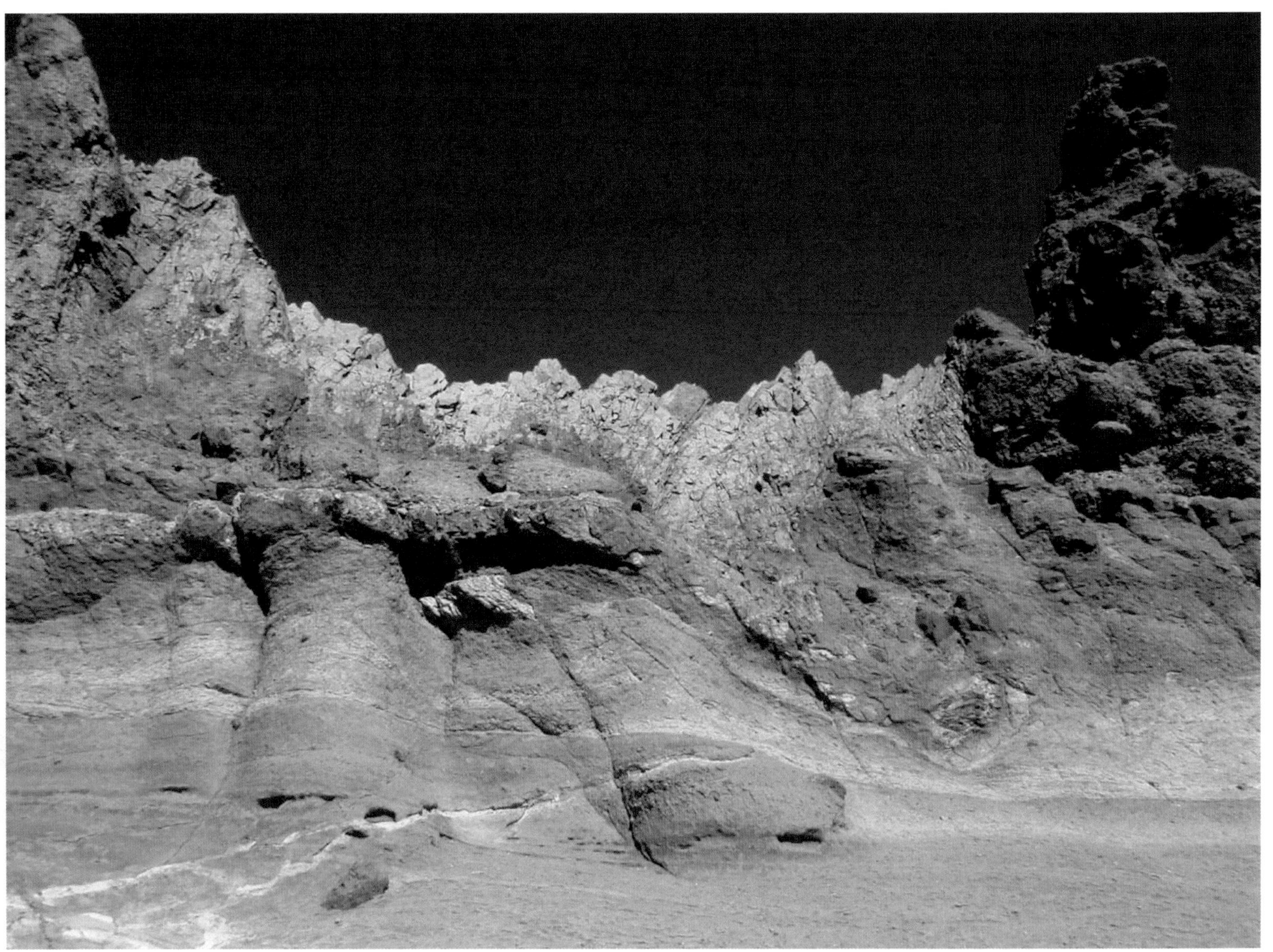

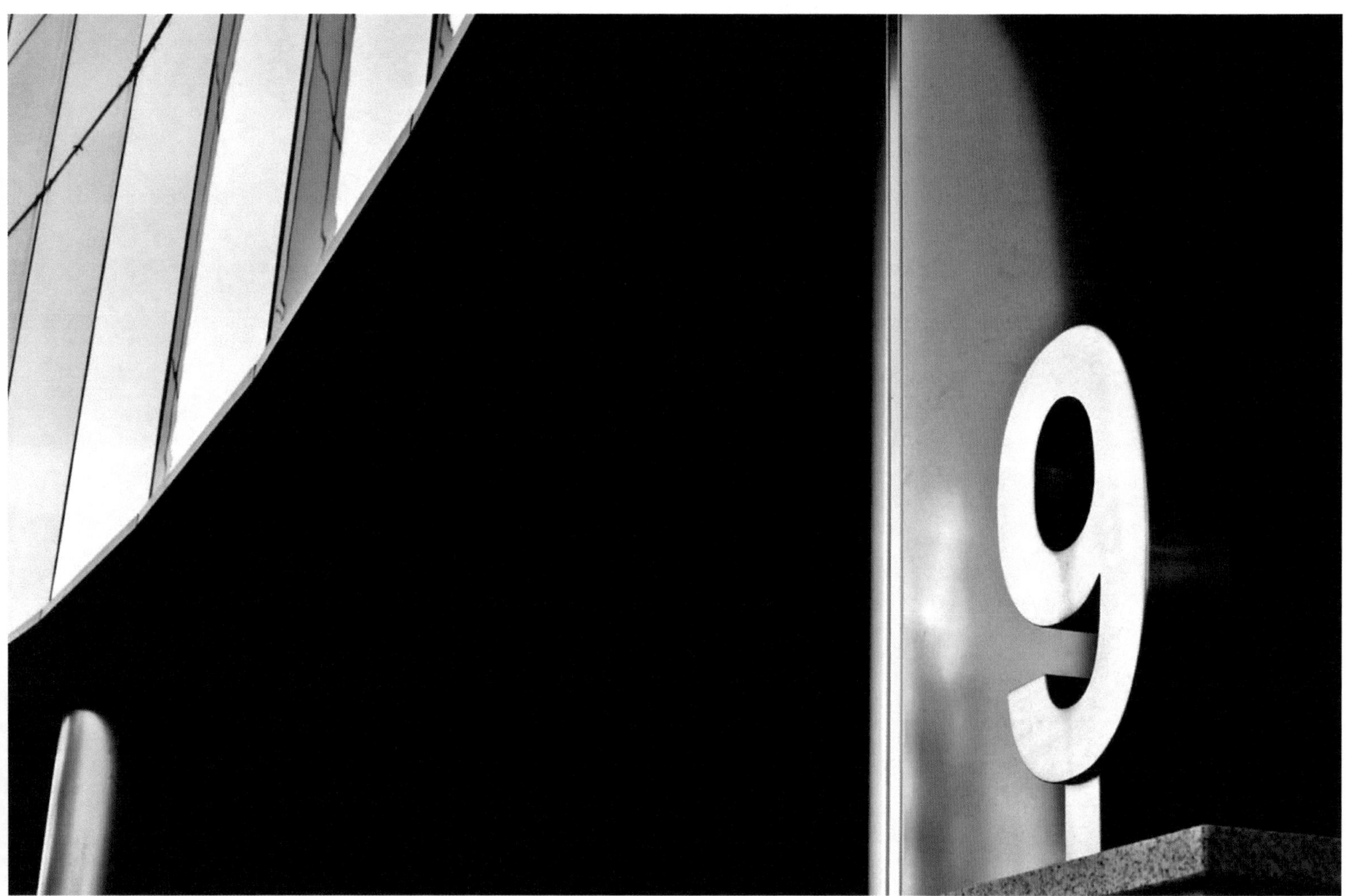

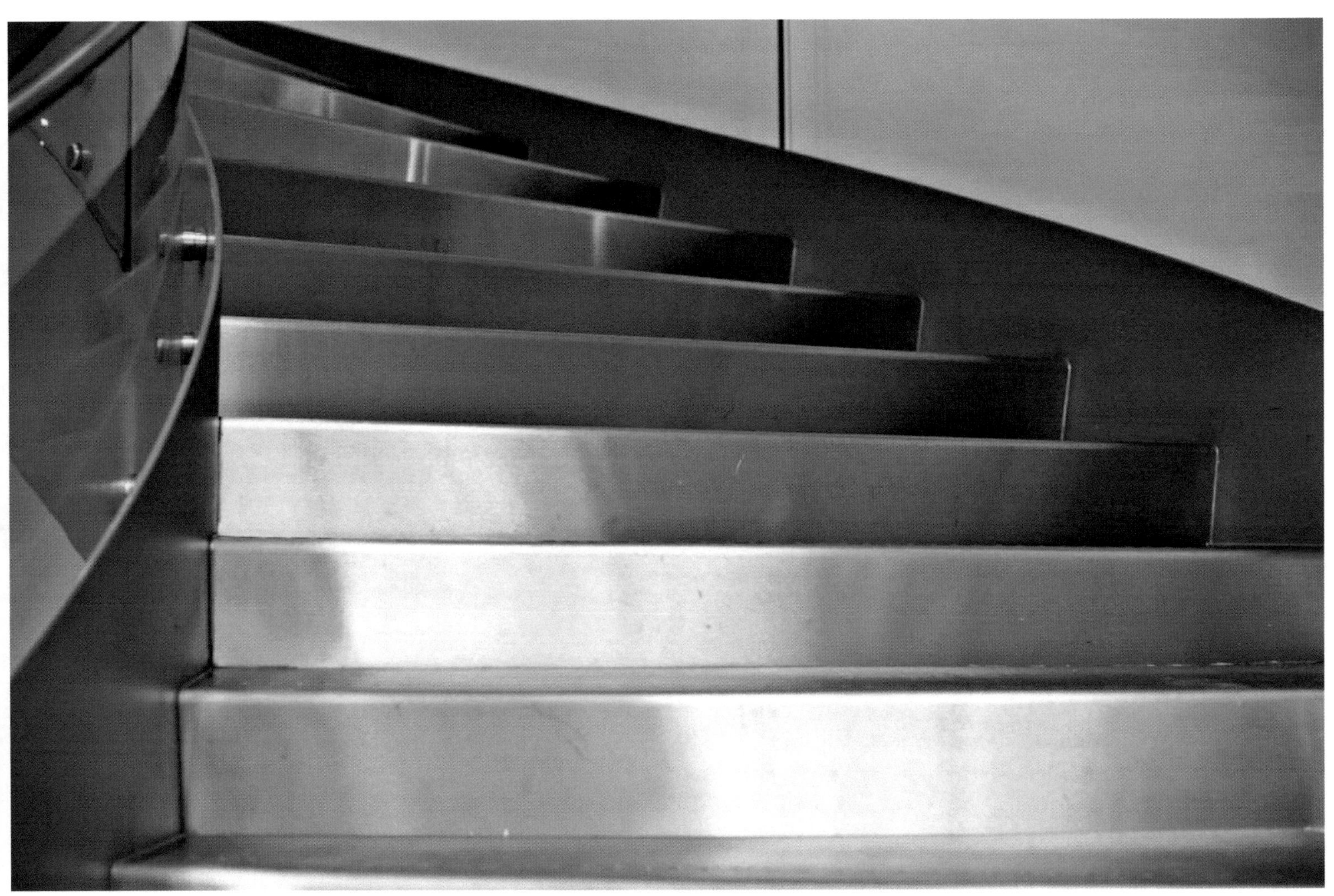

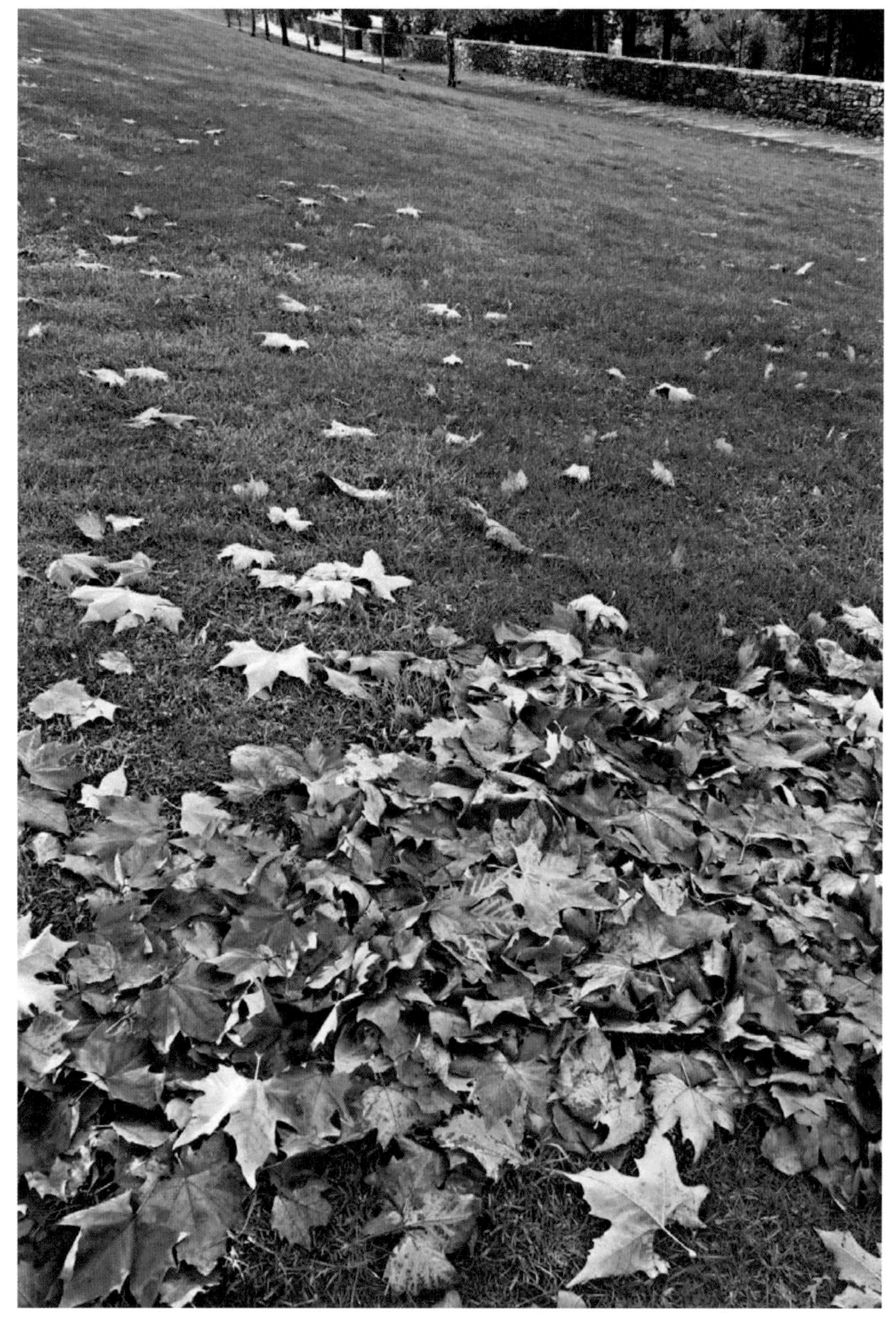

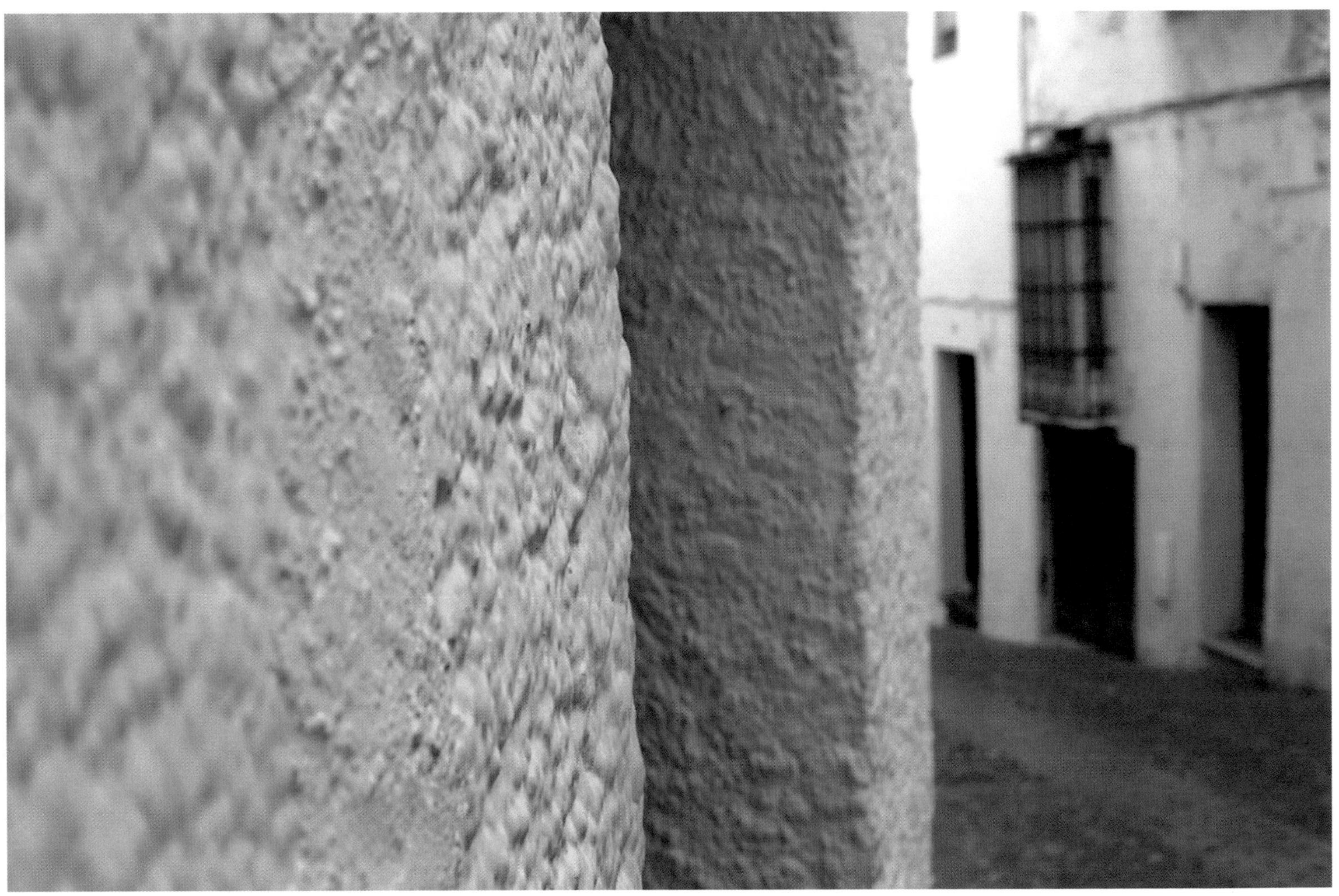

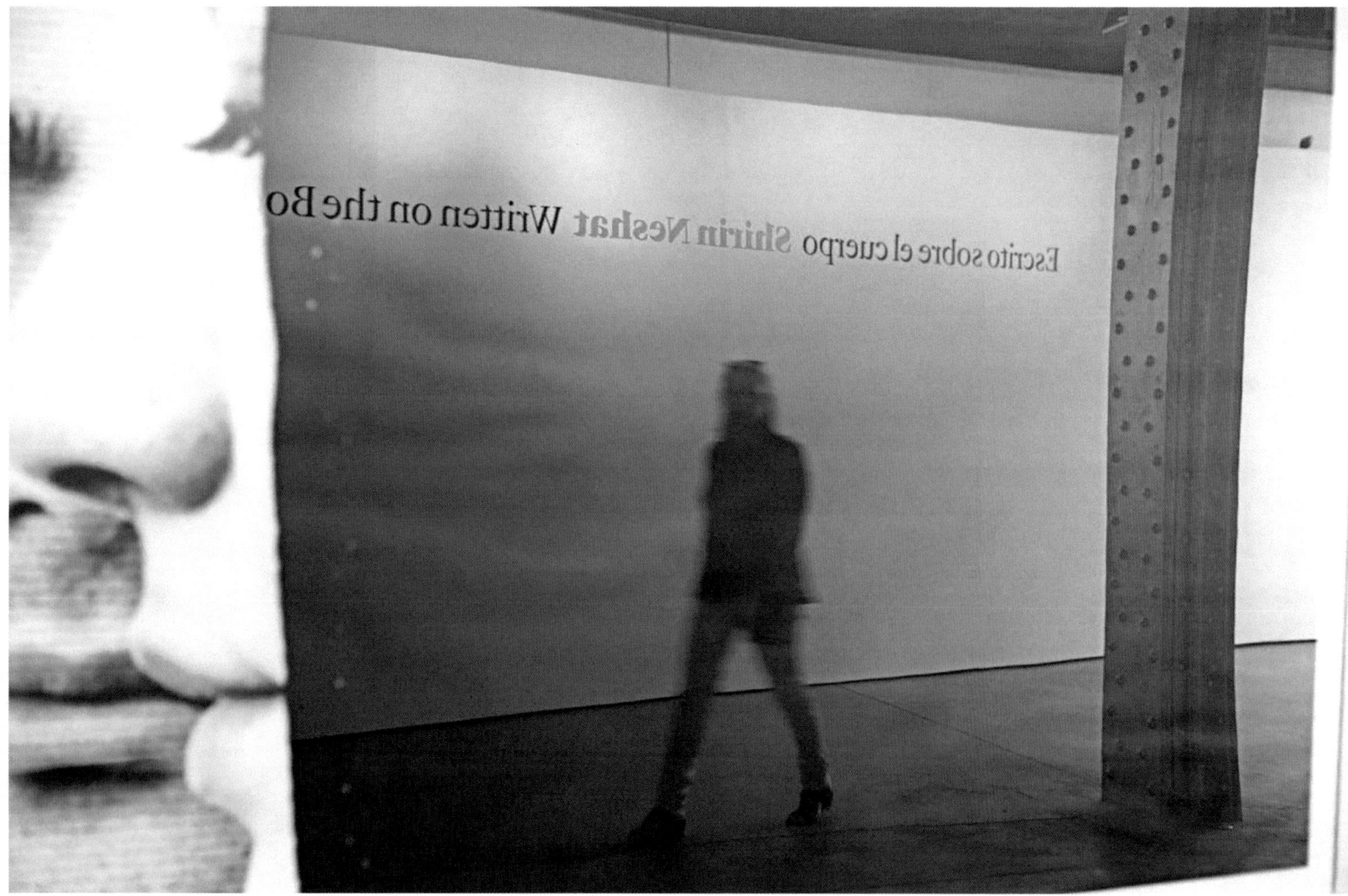

Escrito sobre el cuerpo Shirin Neshat Written on the Bo

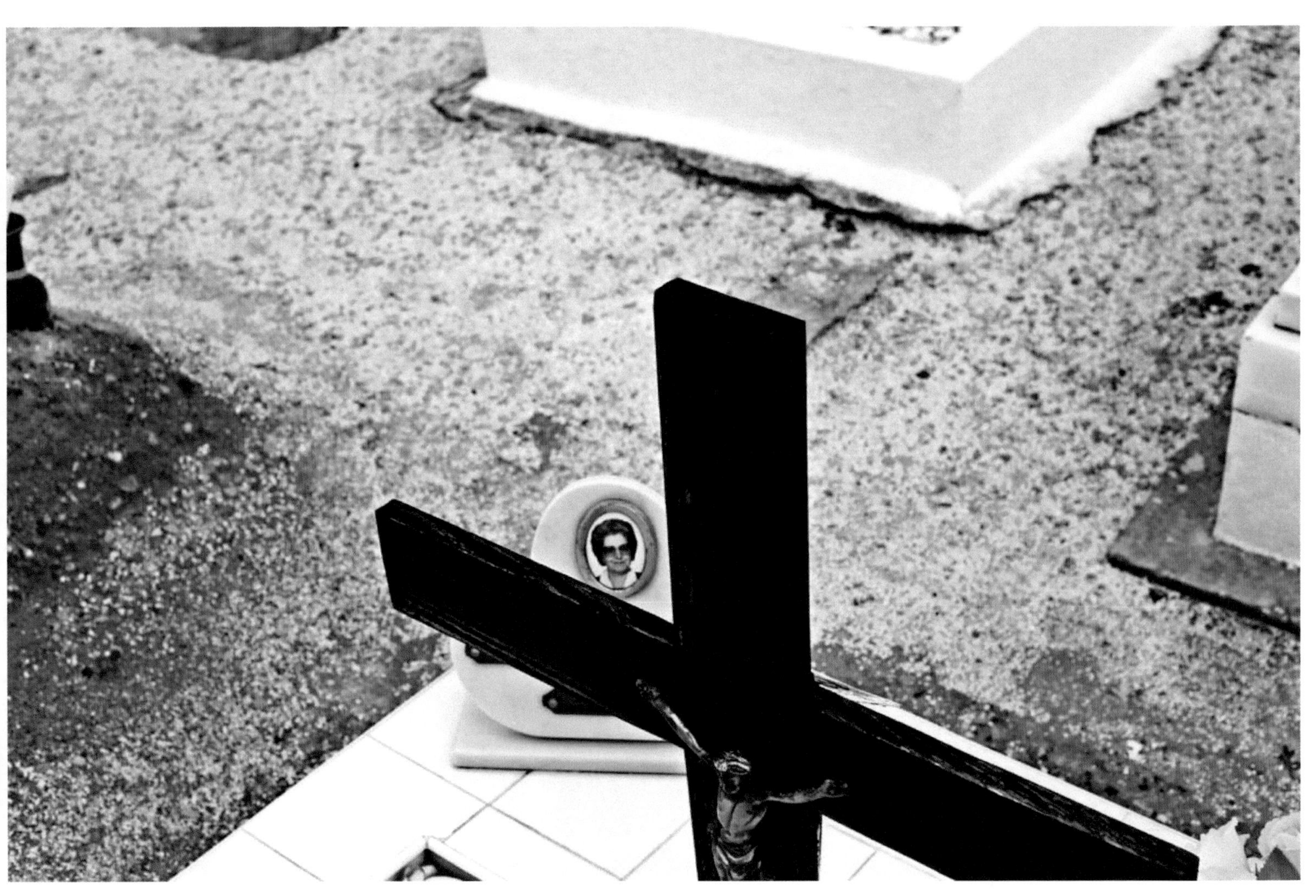

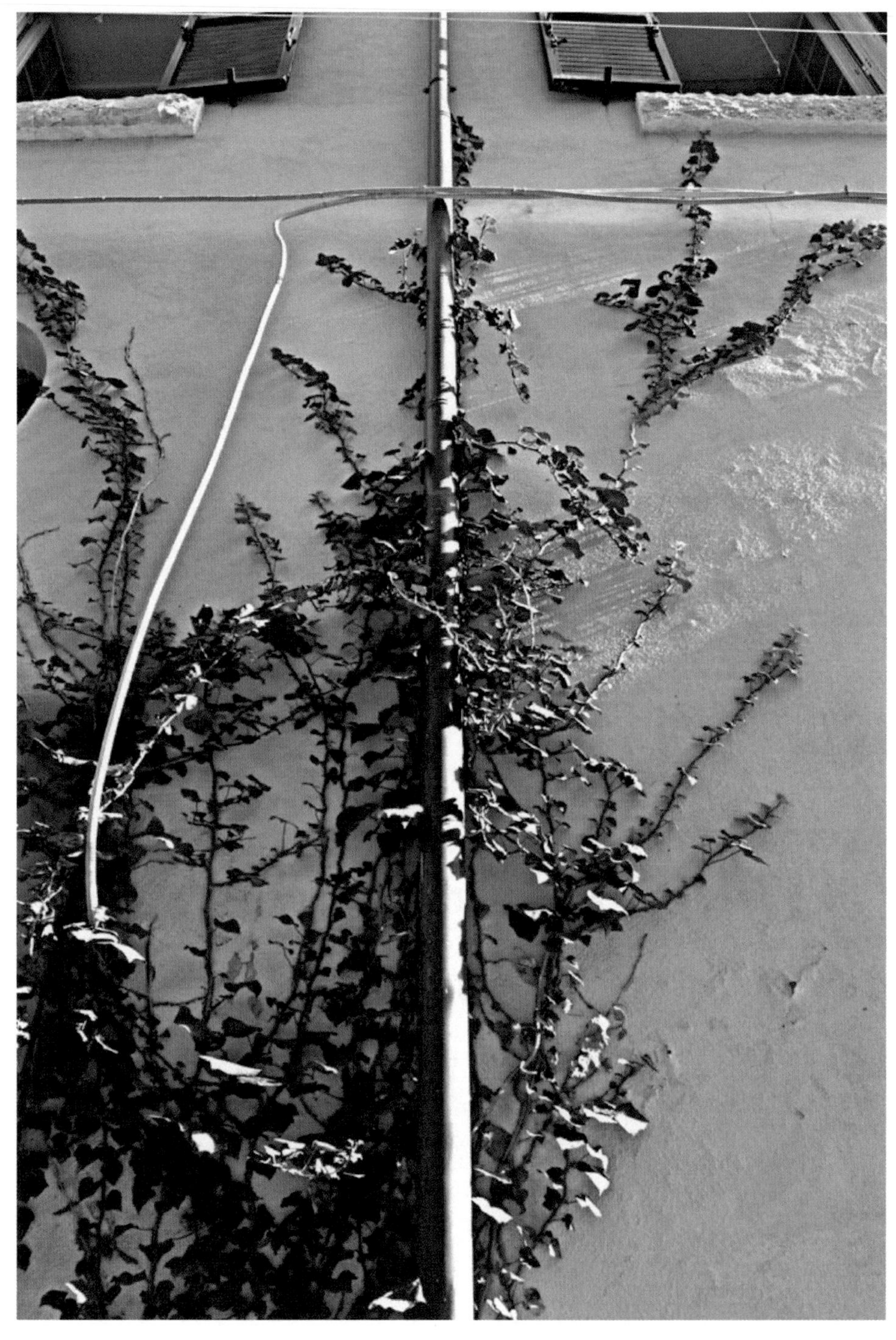

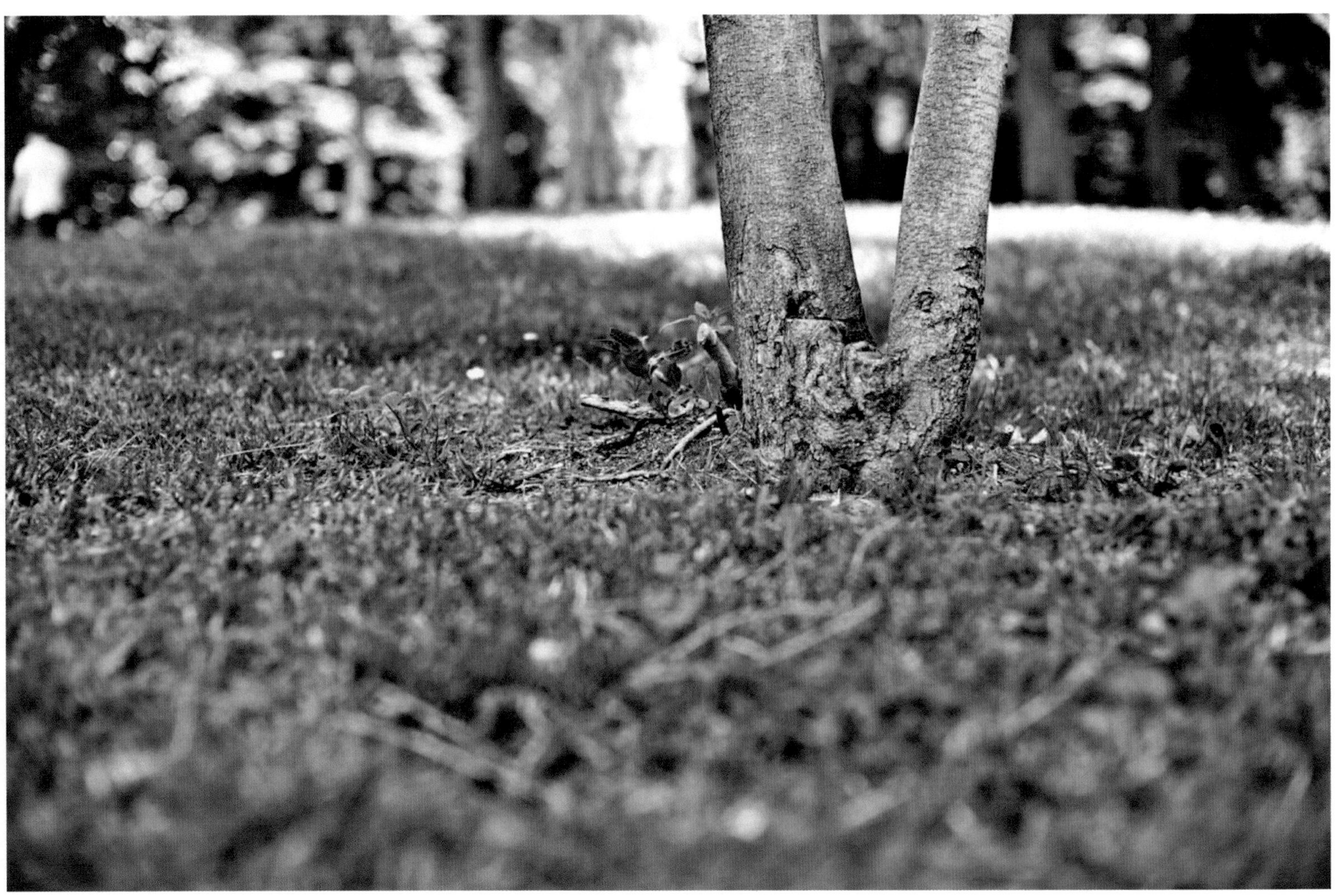

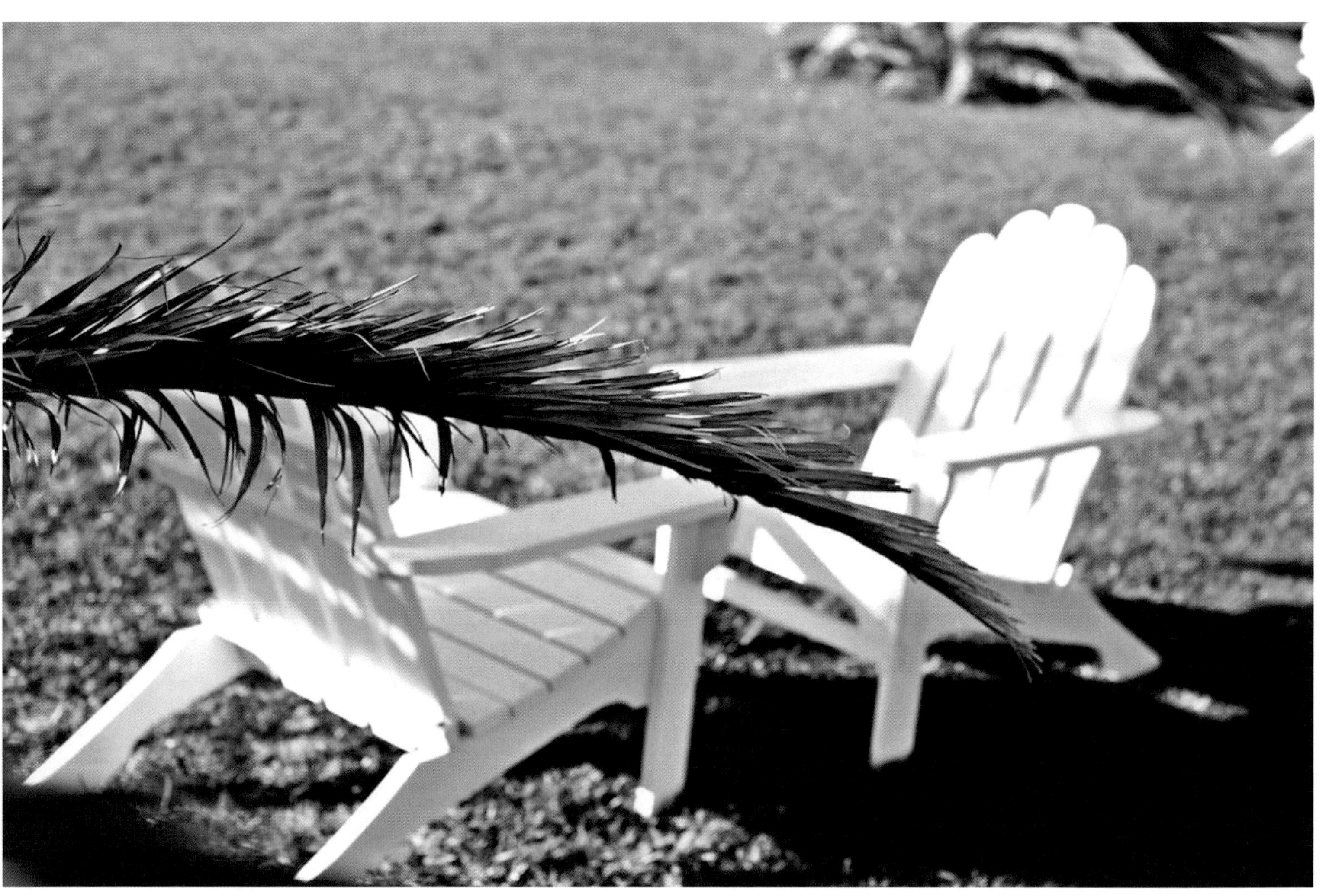

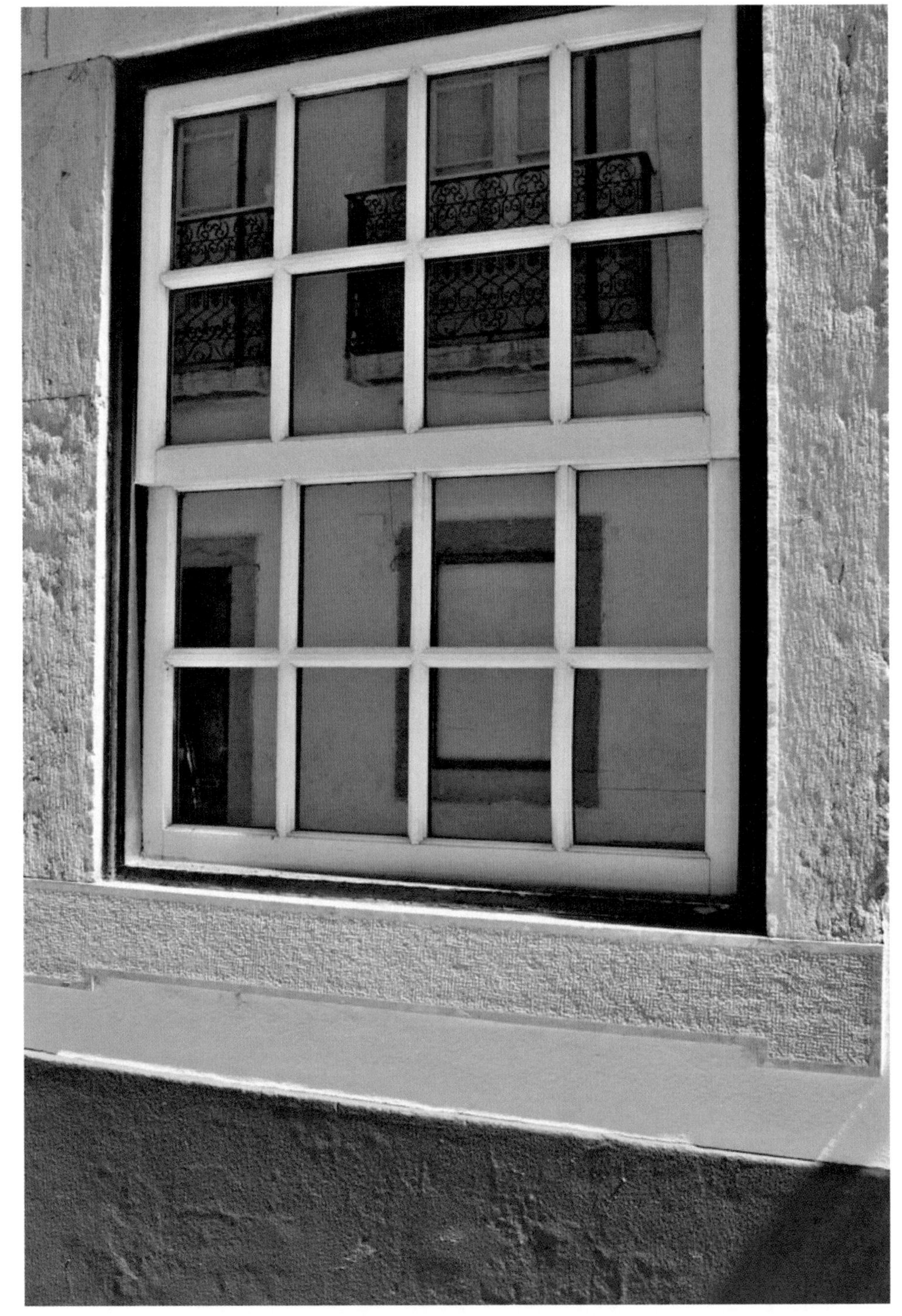

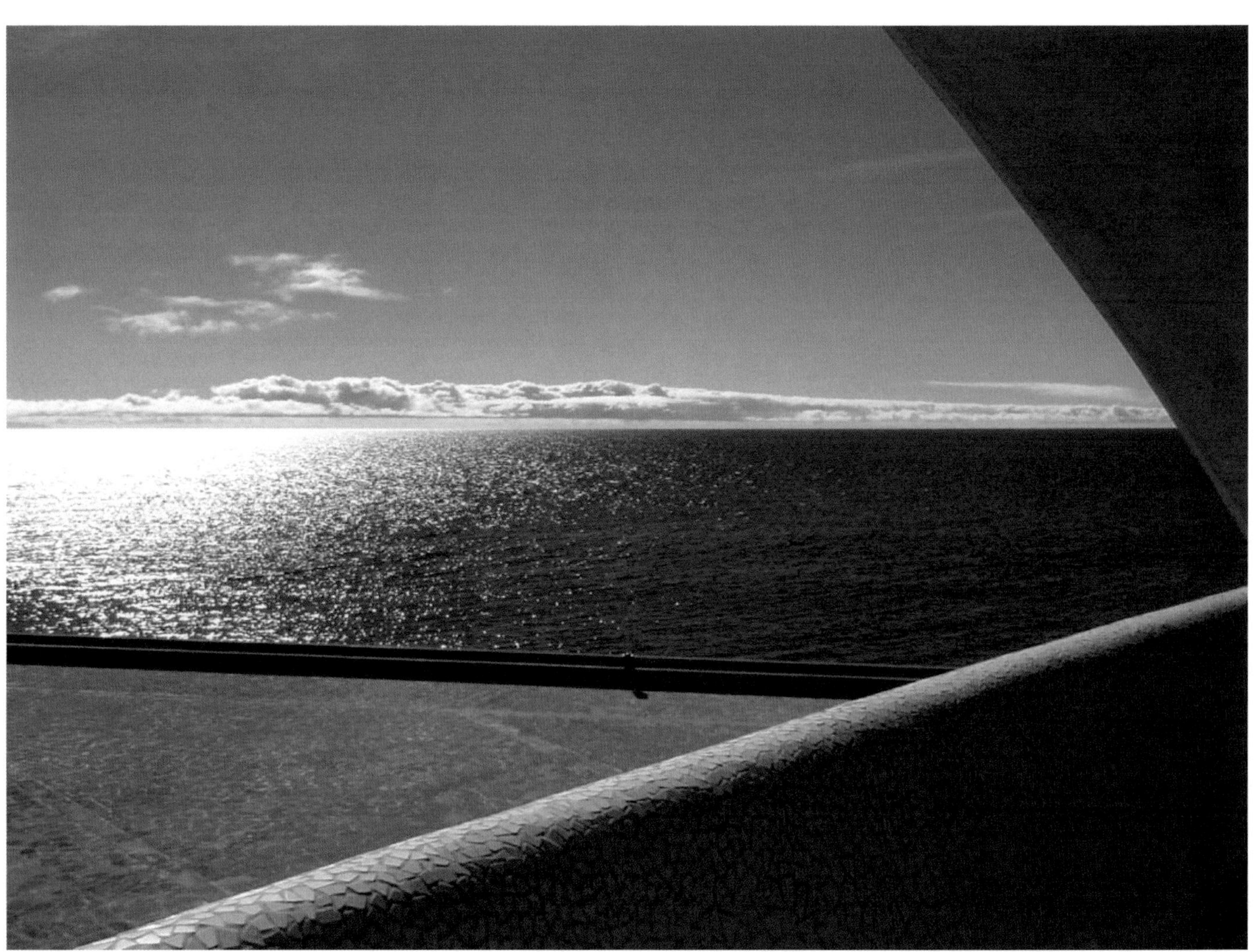

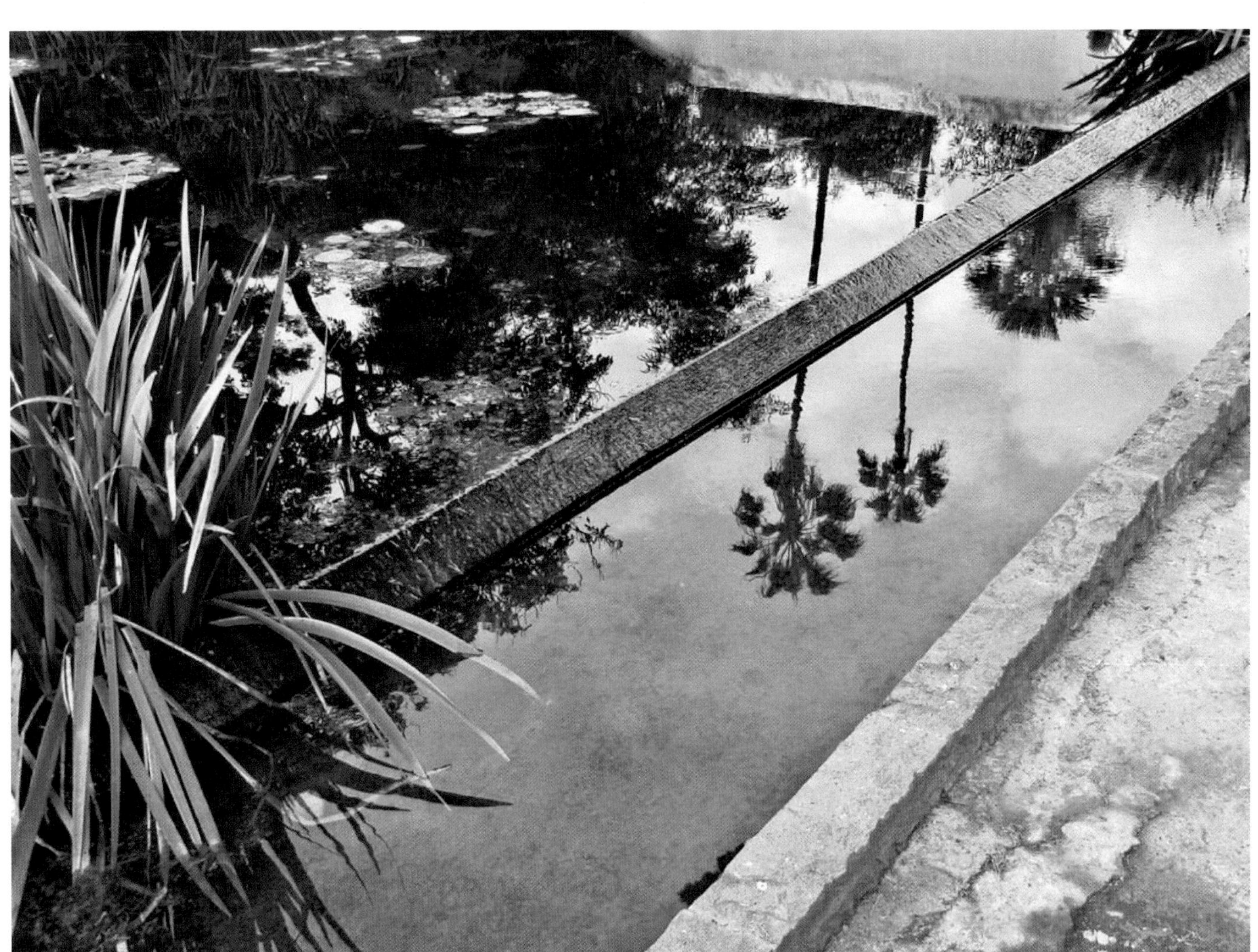

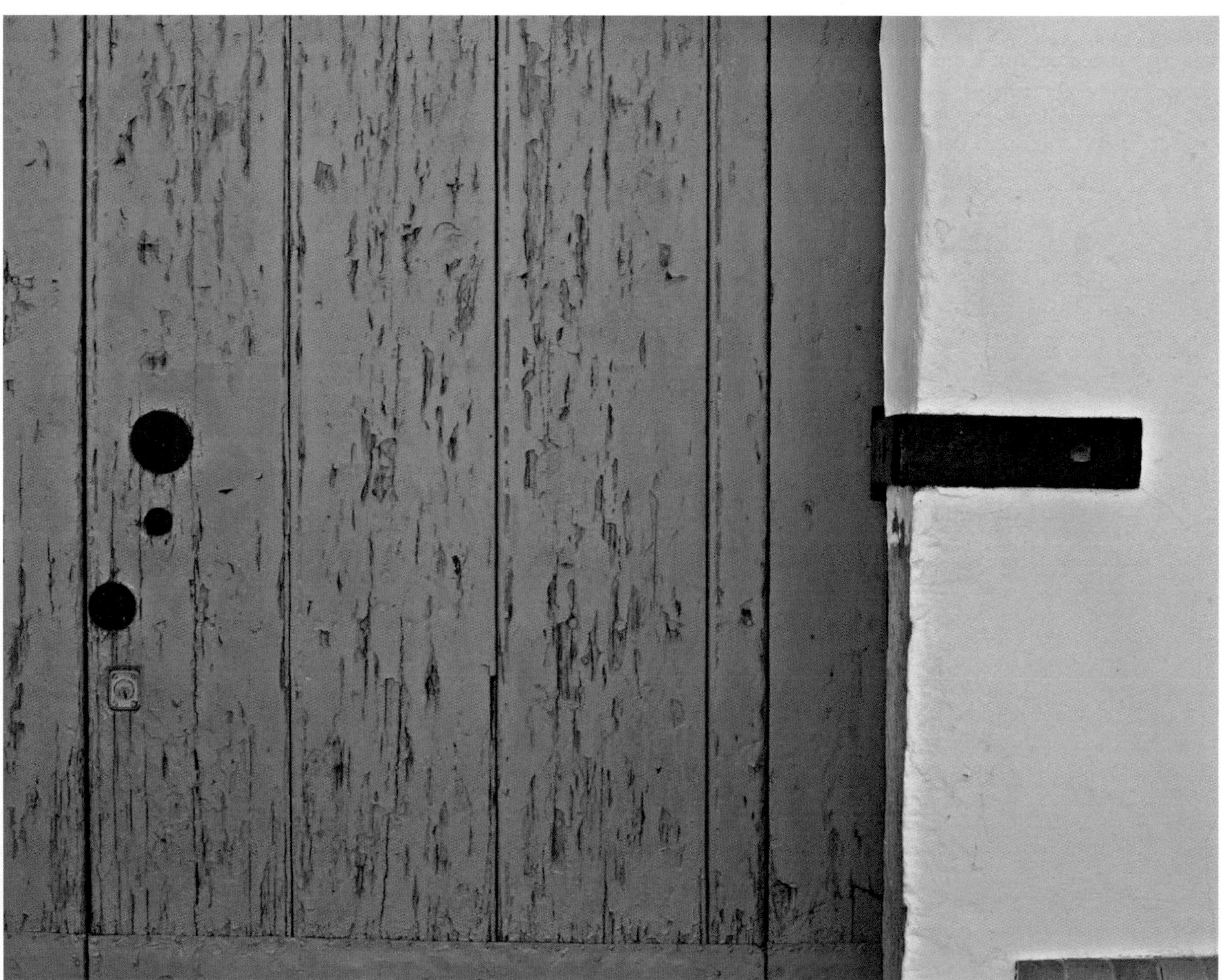

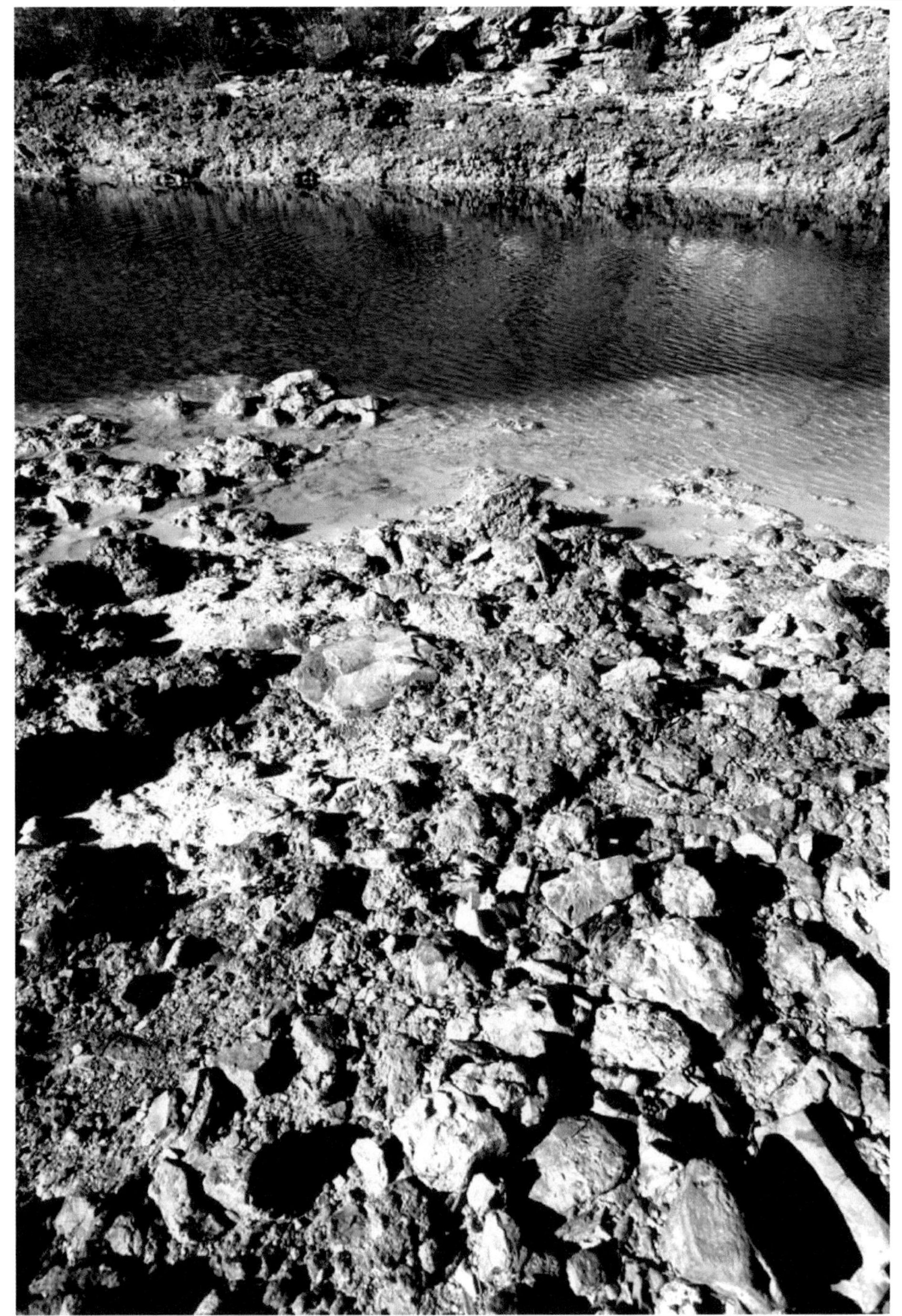

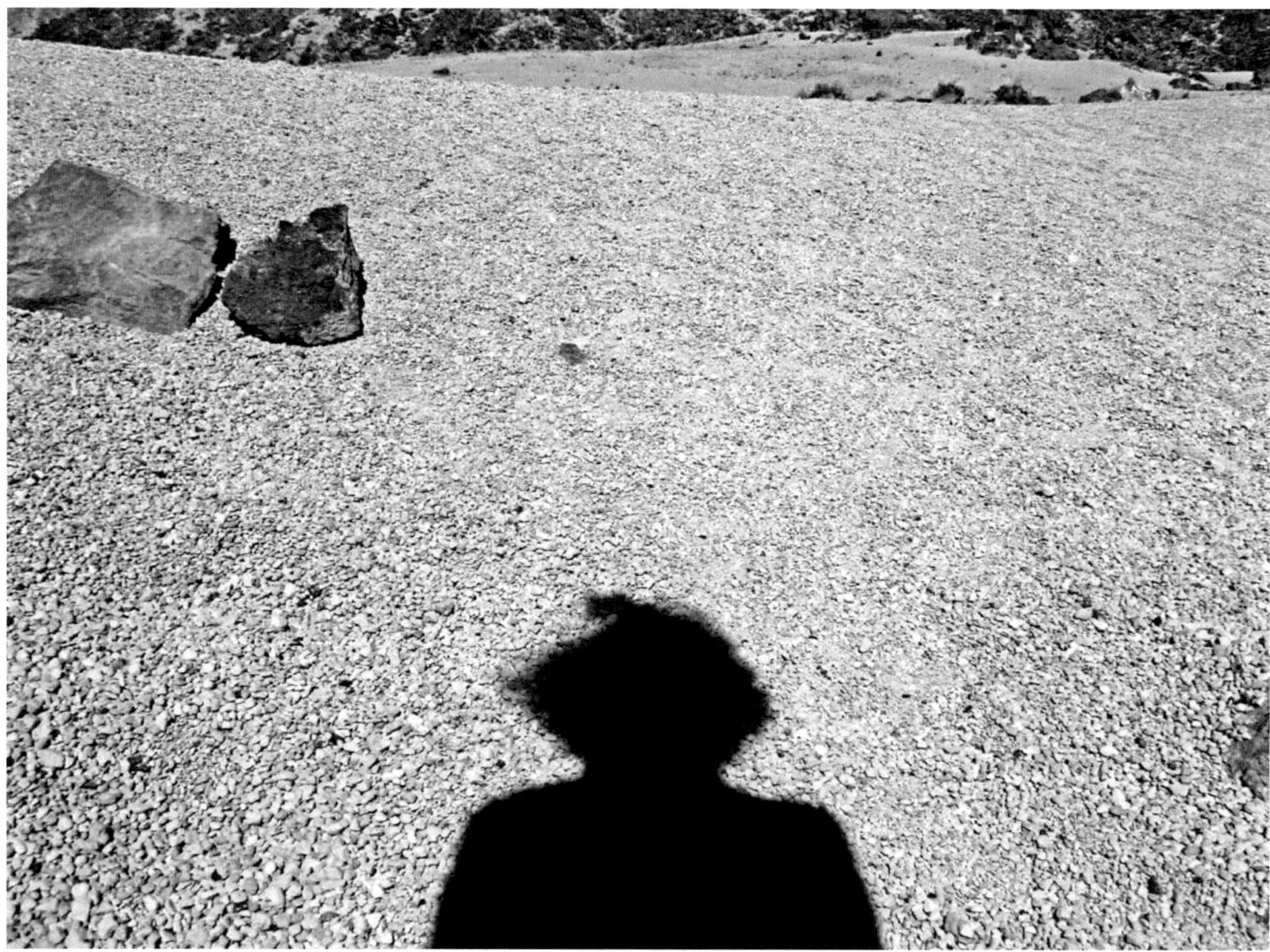

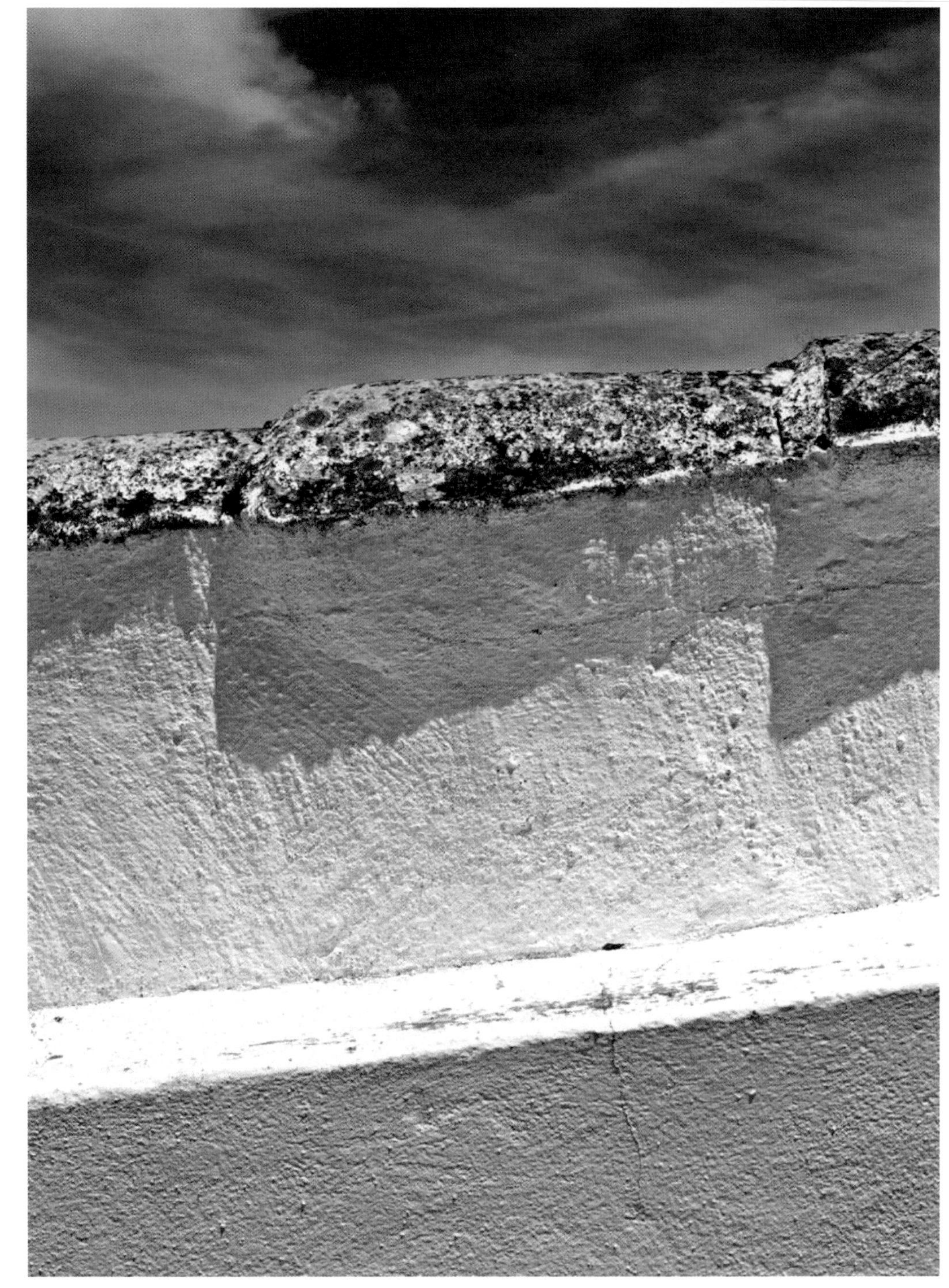

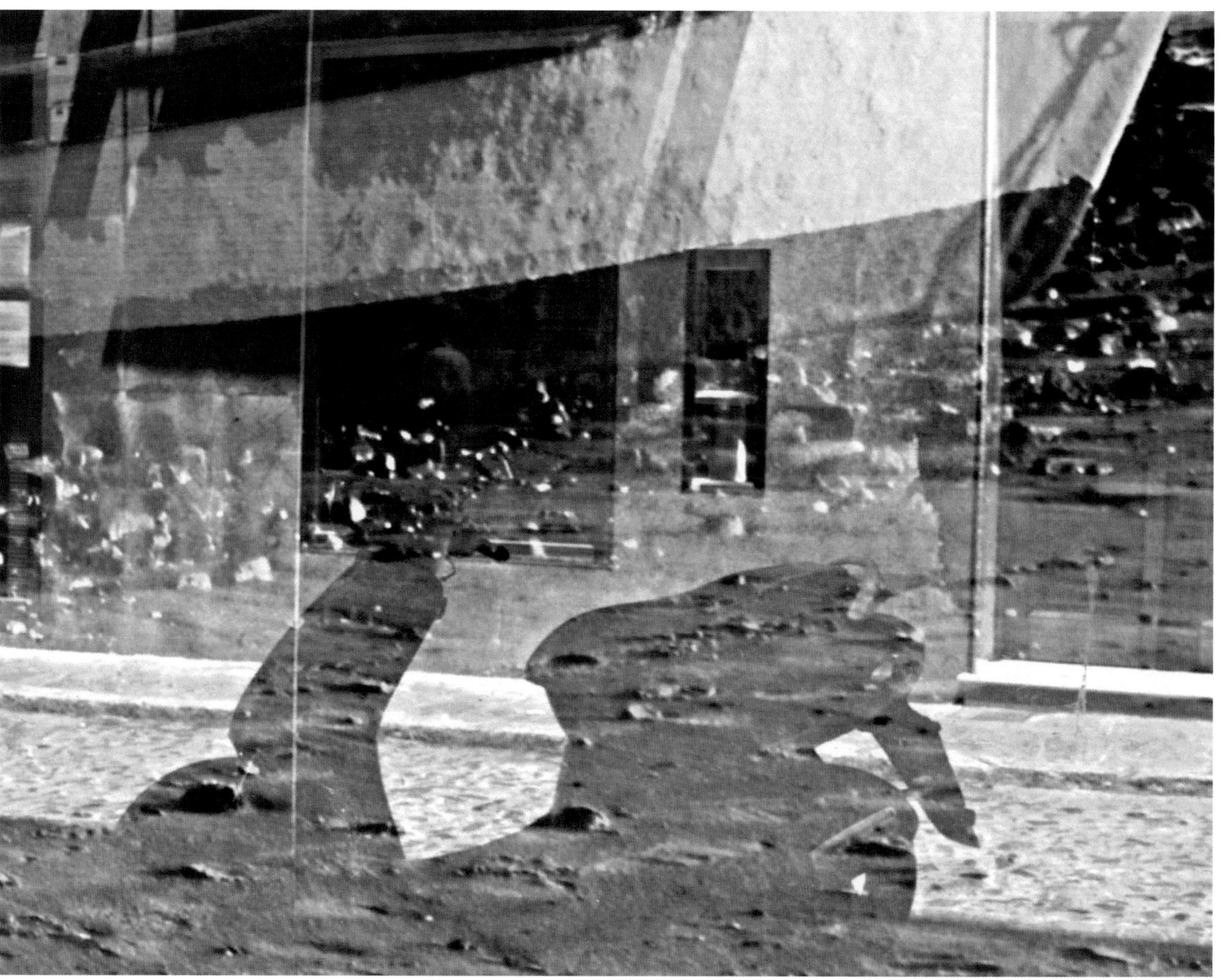

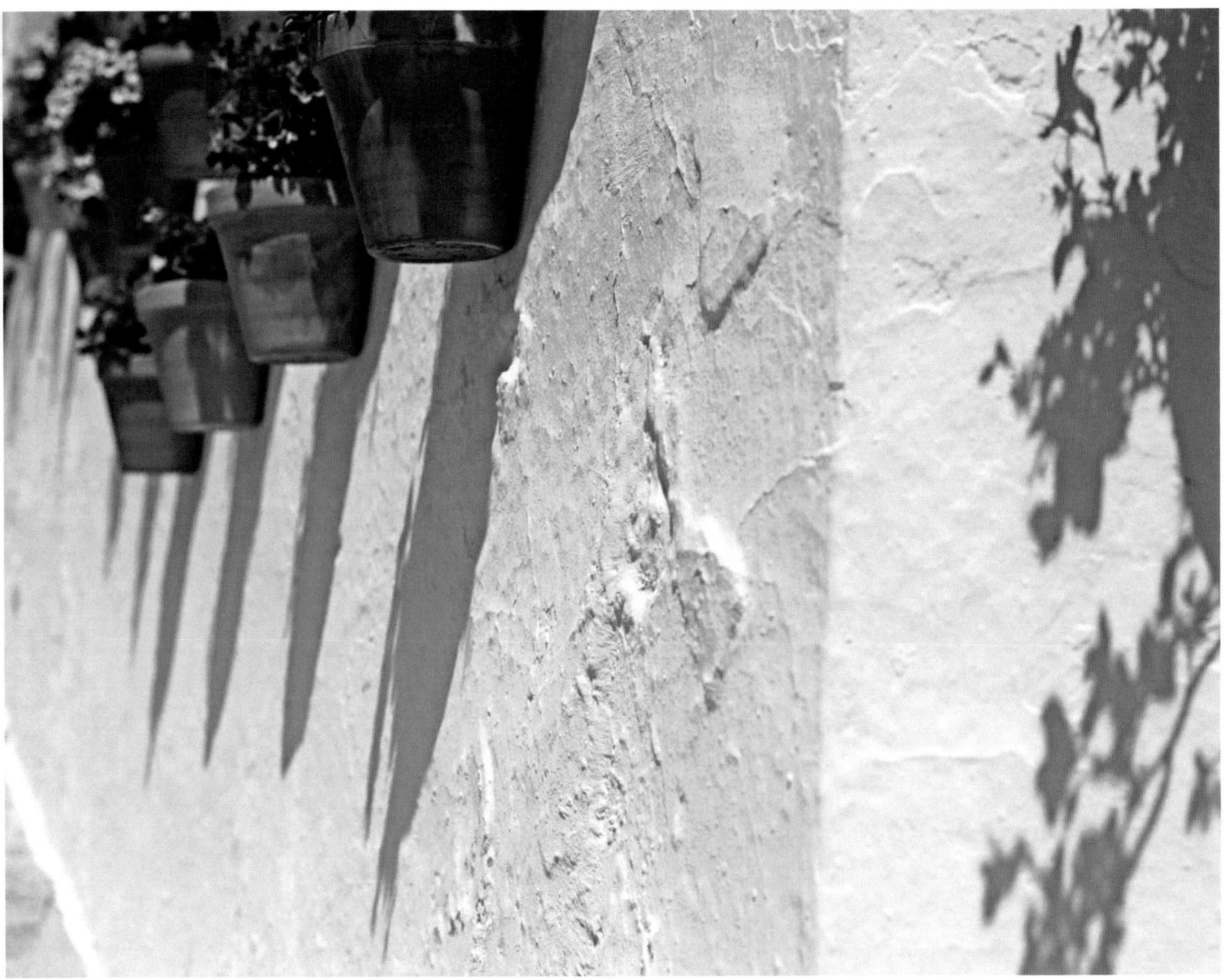

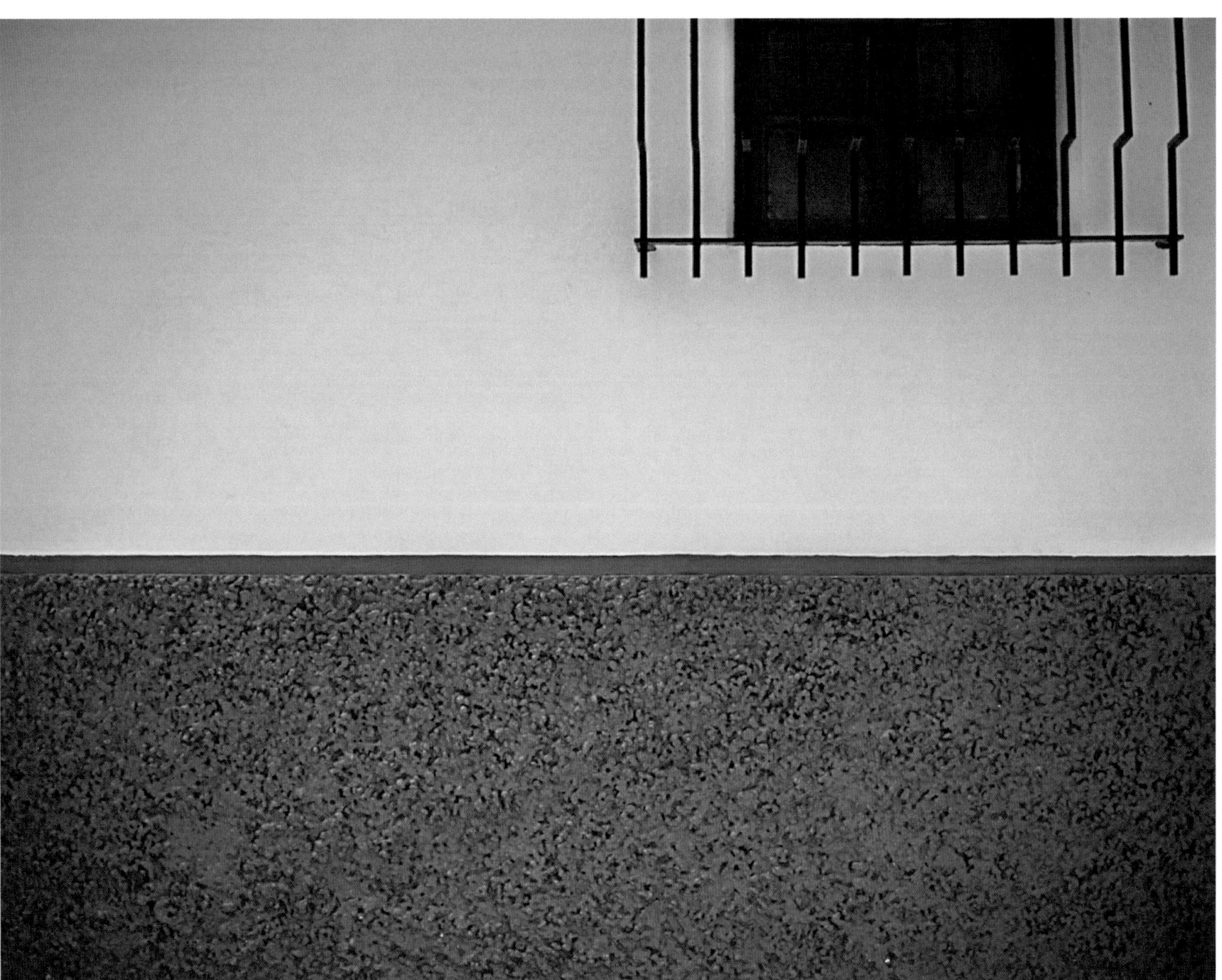

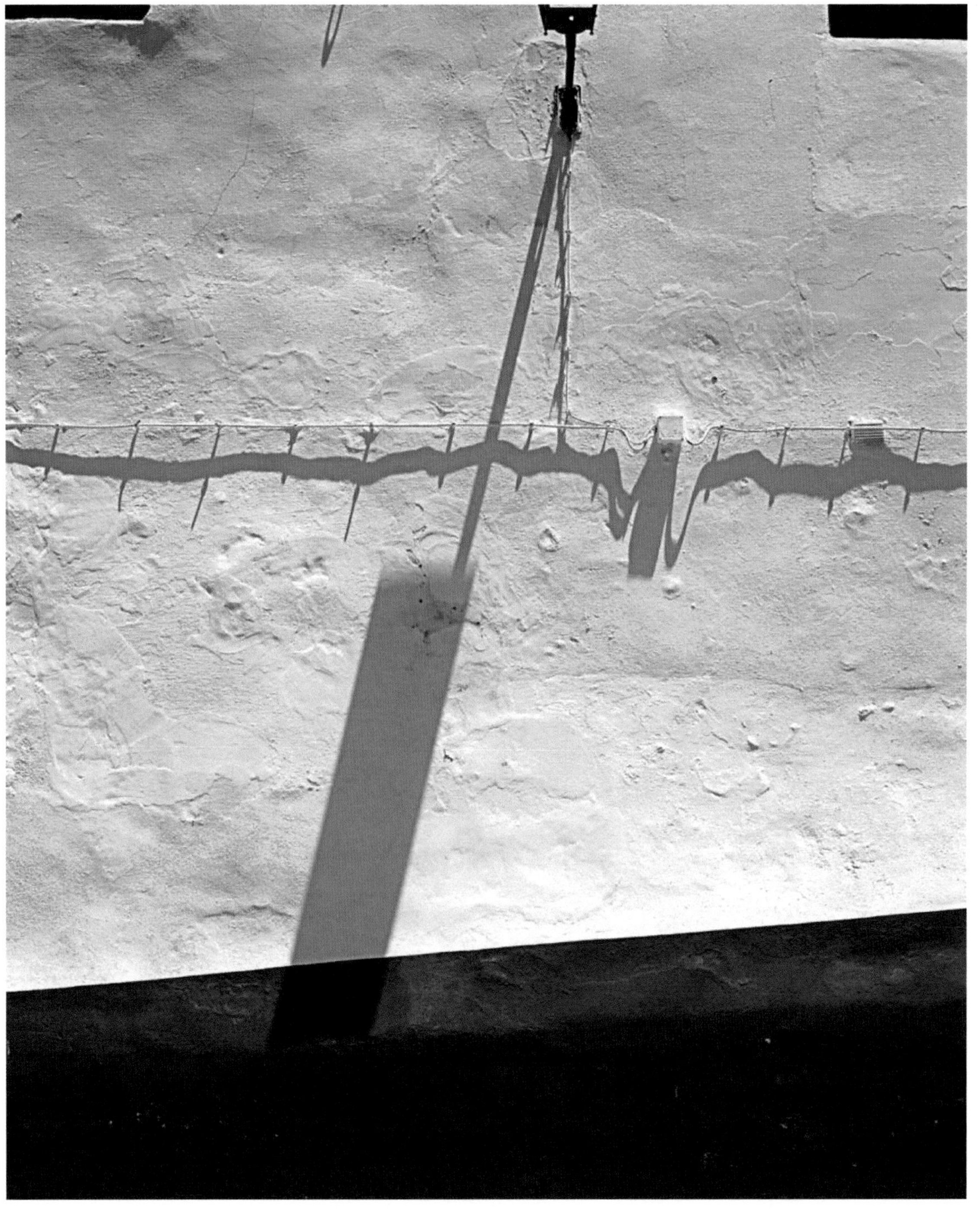

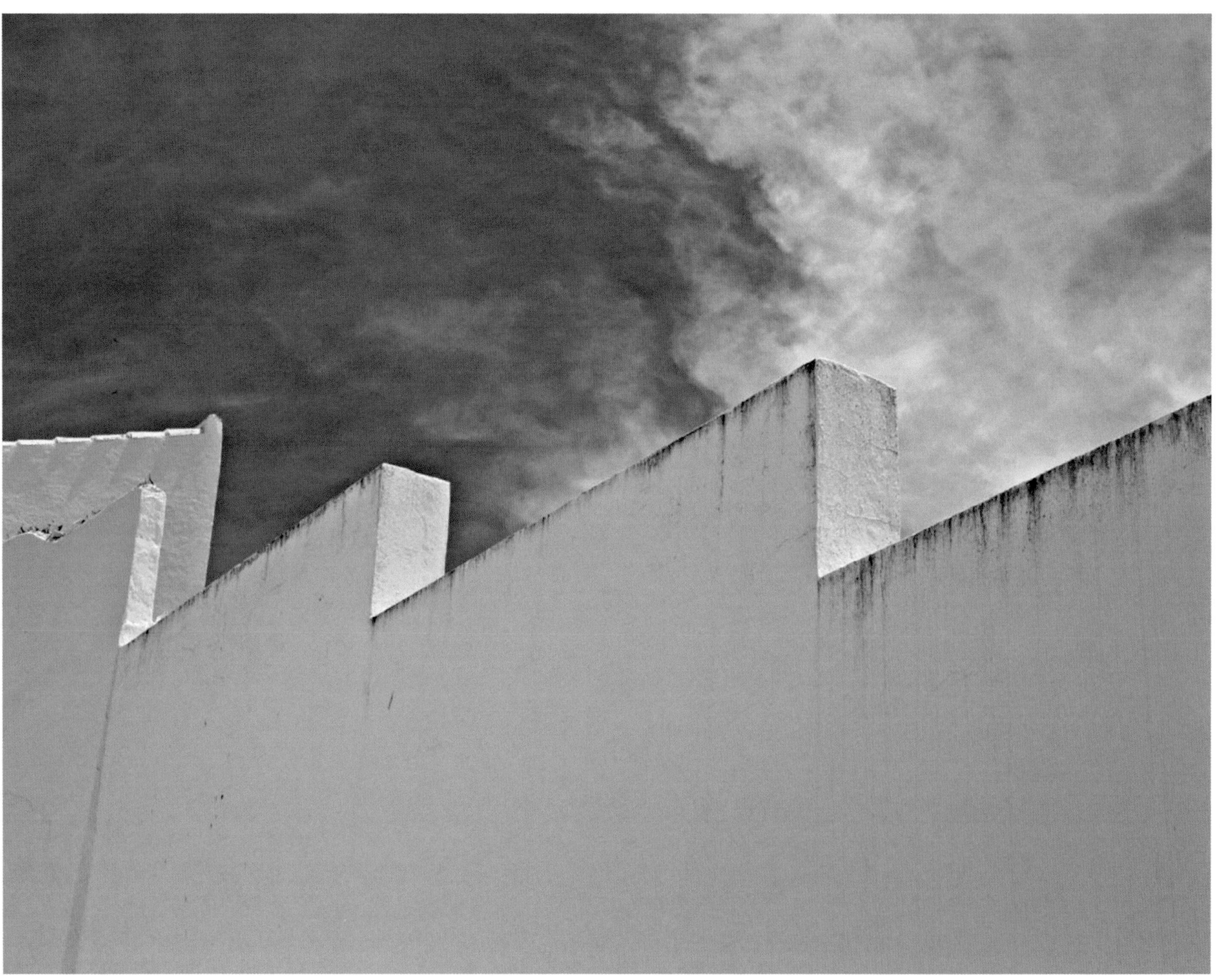

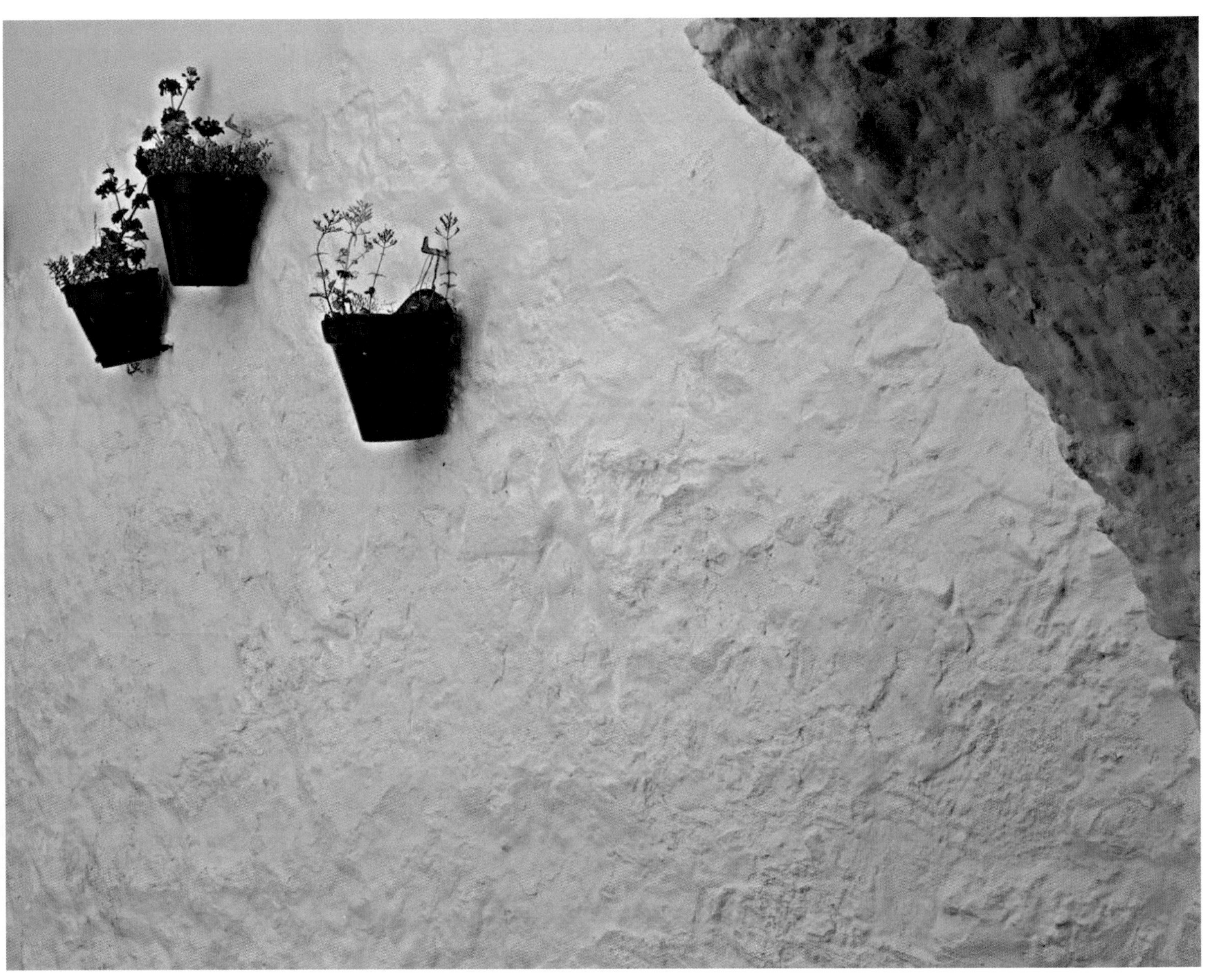

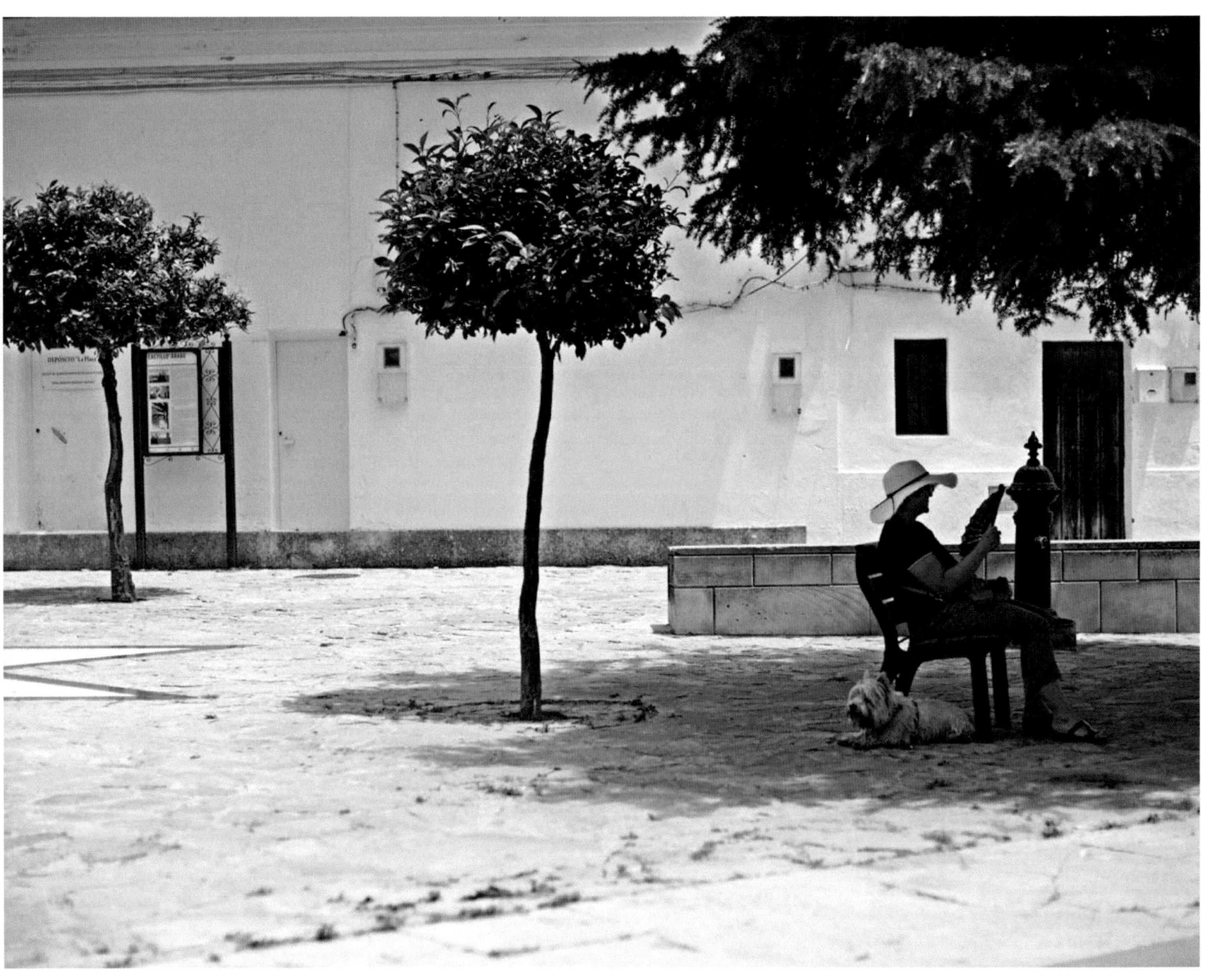

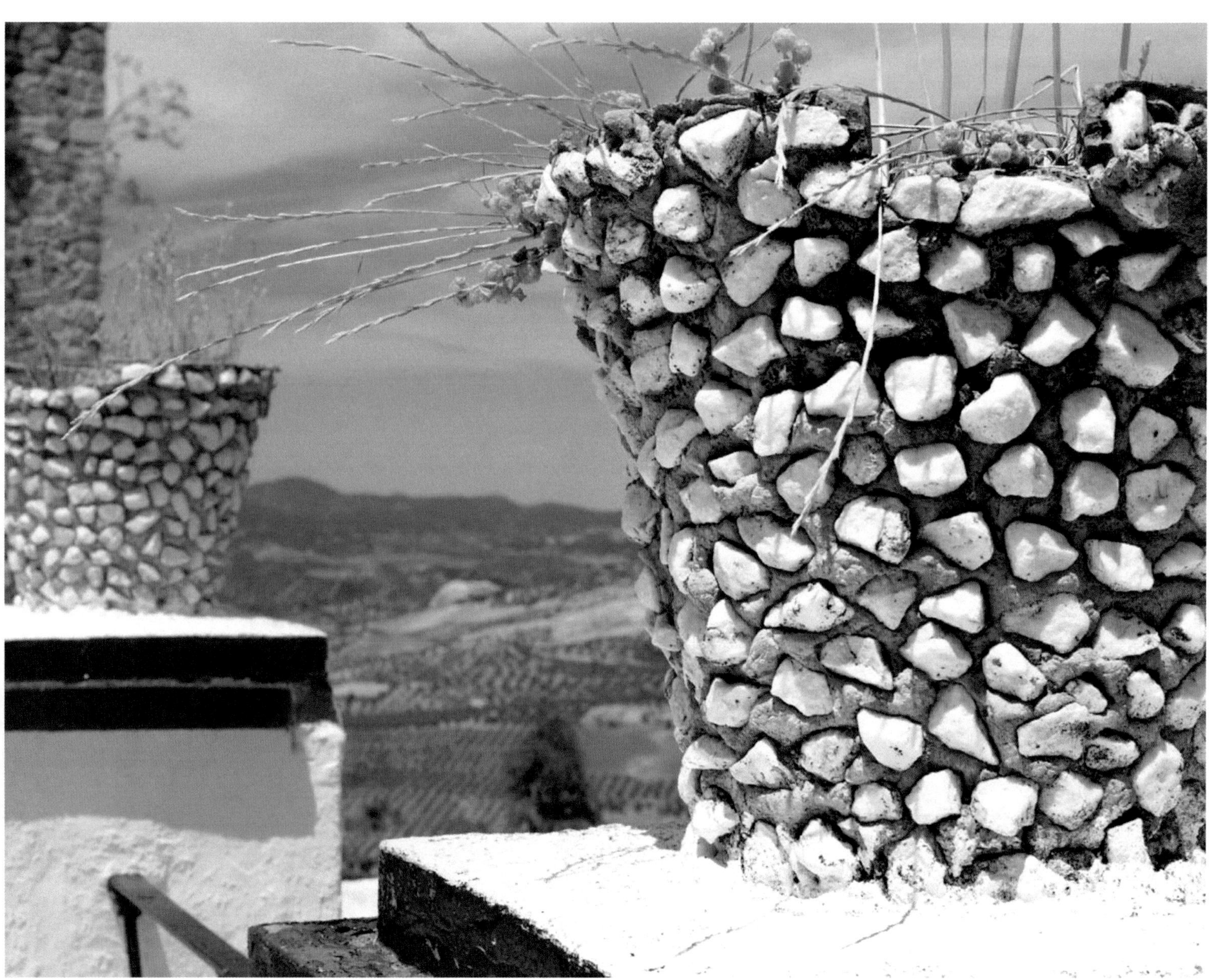

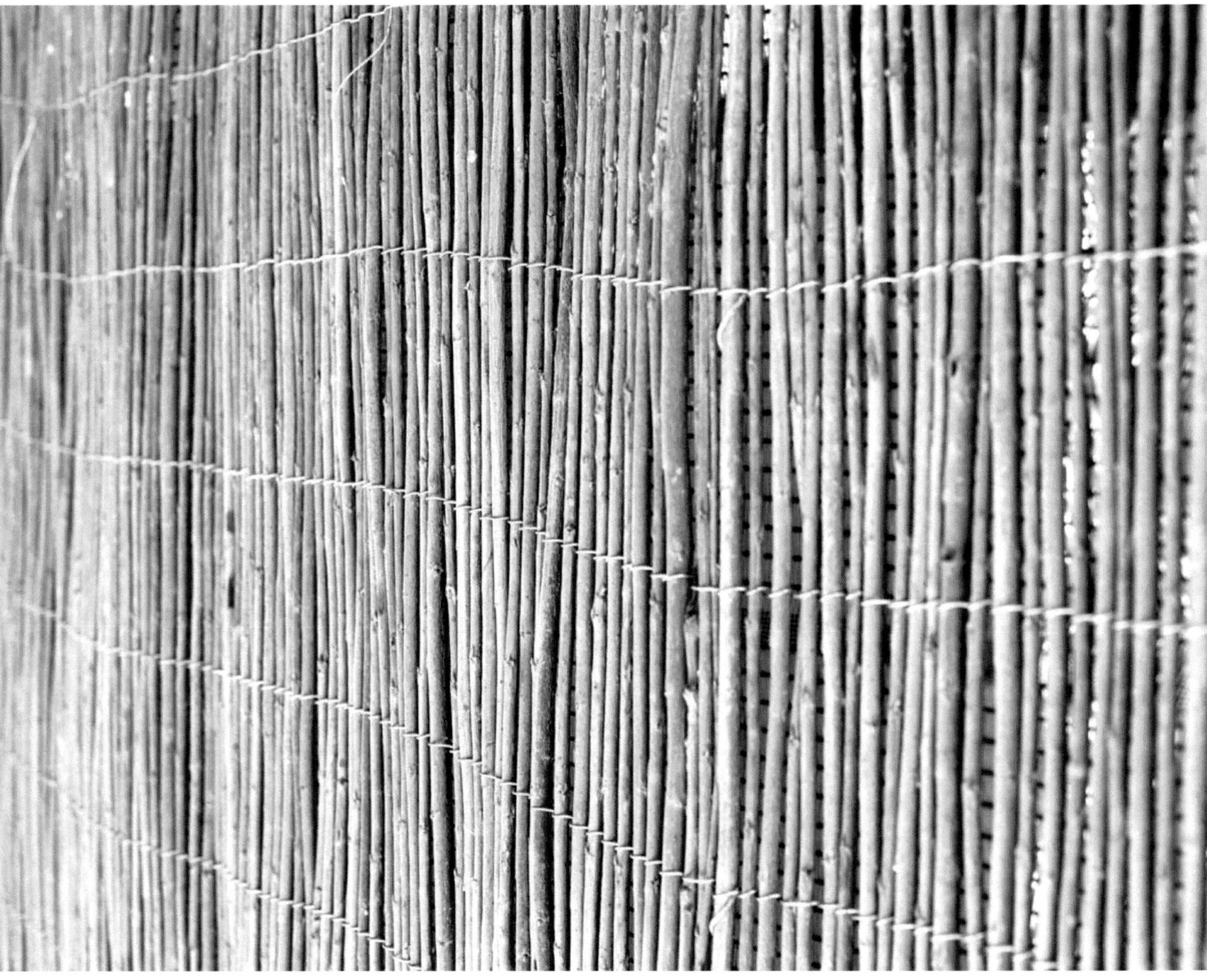

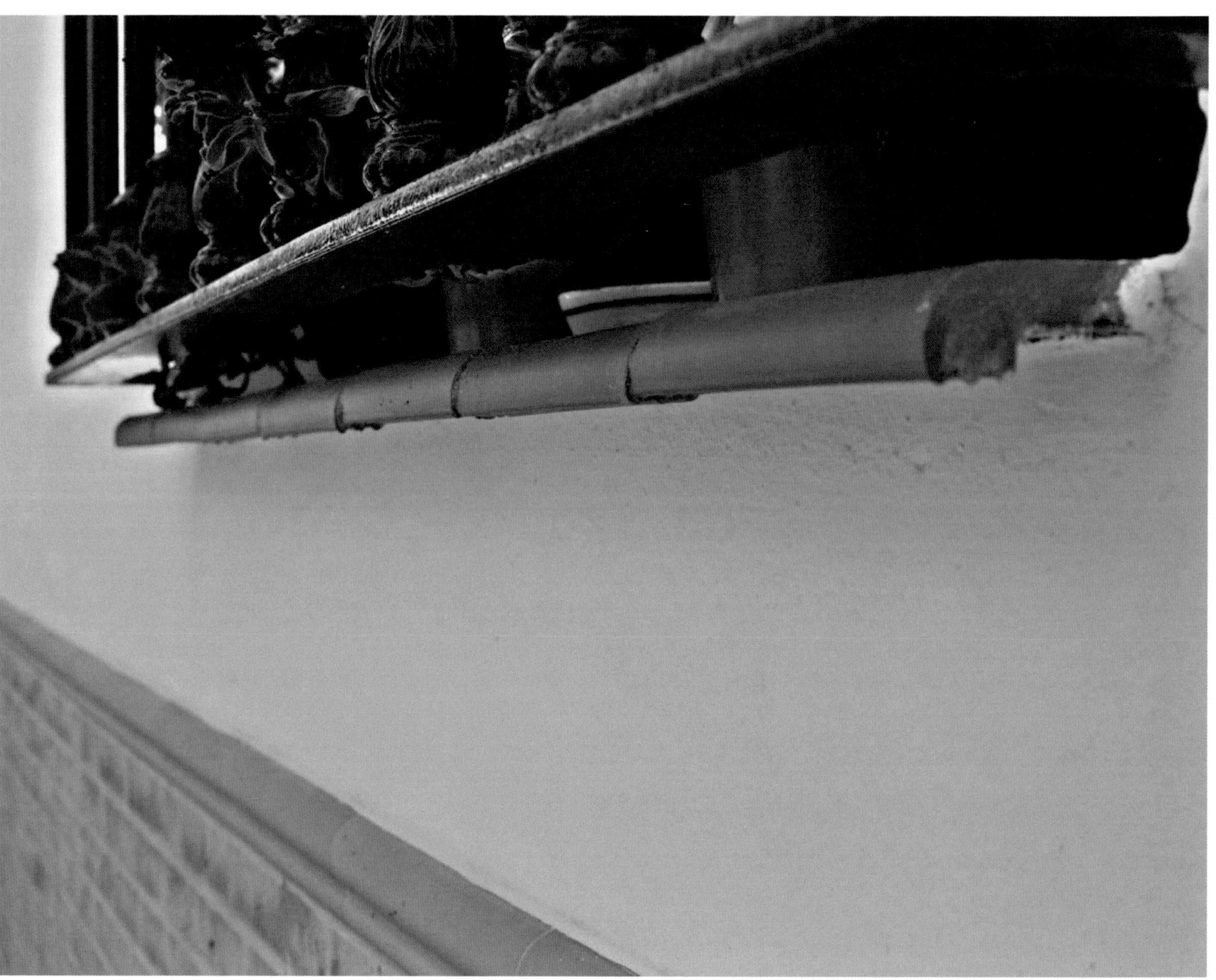

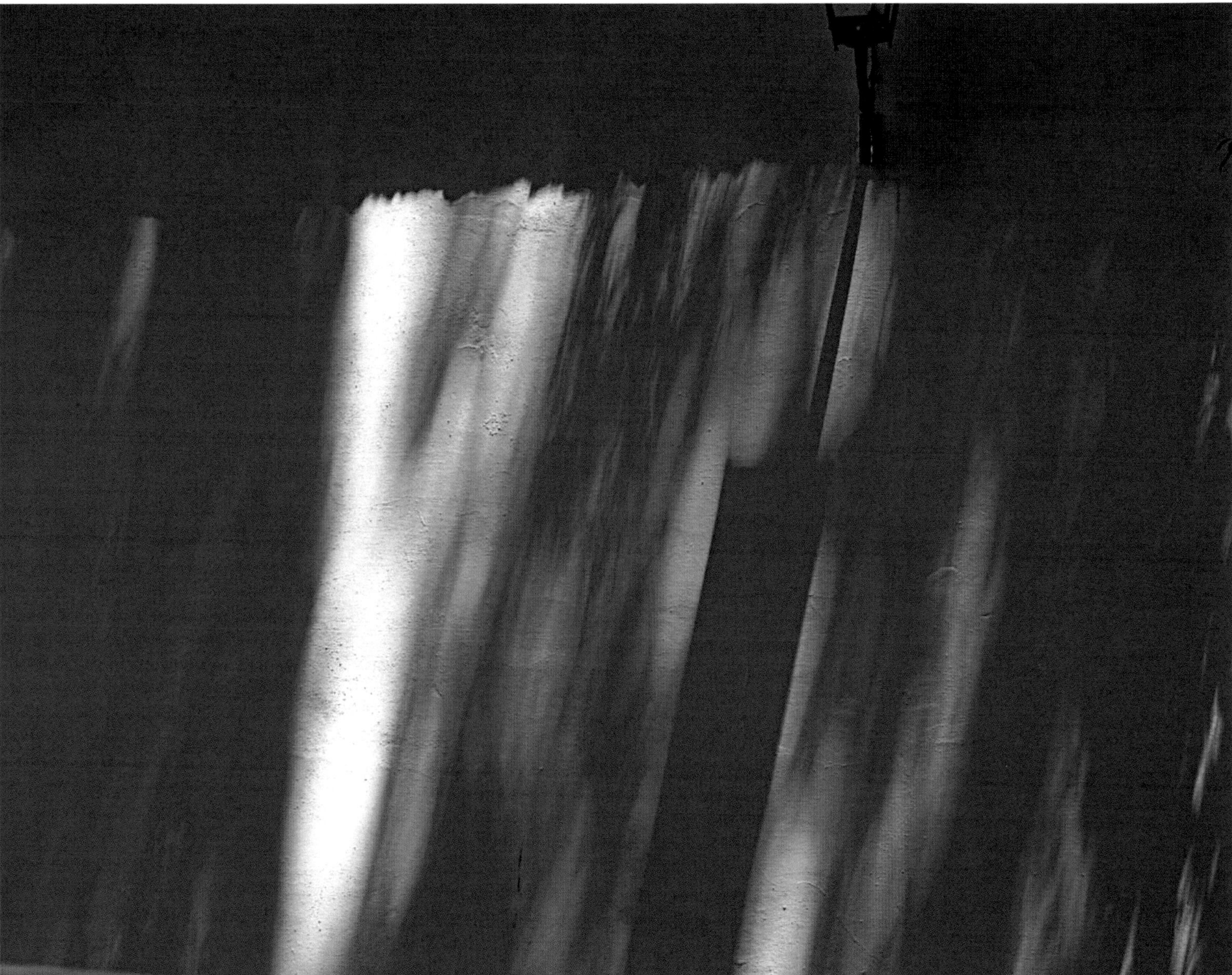

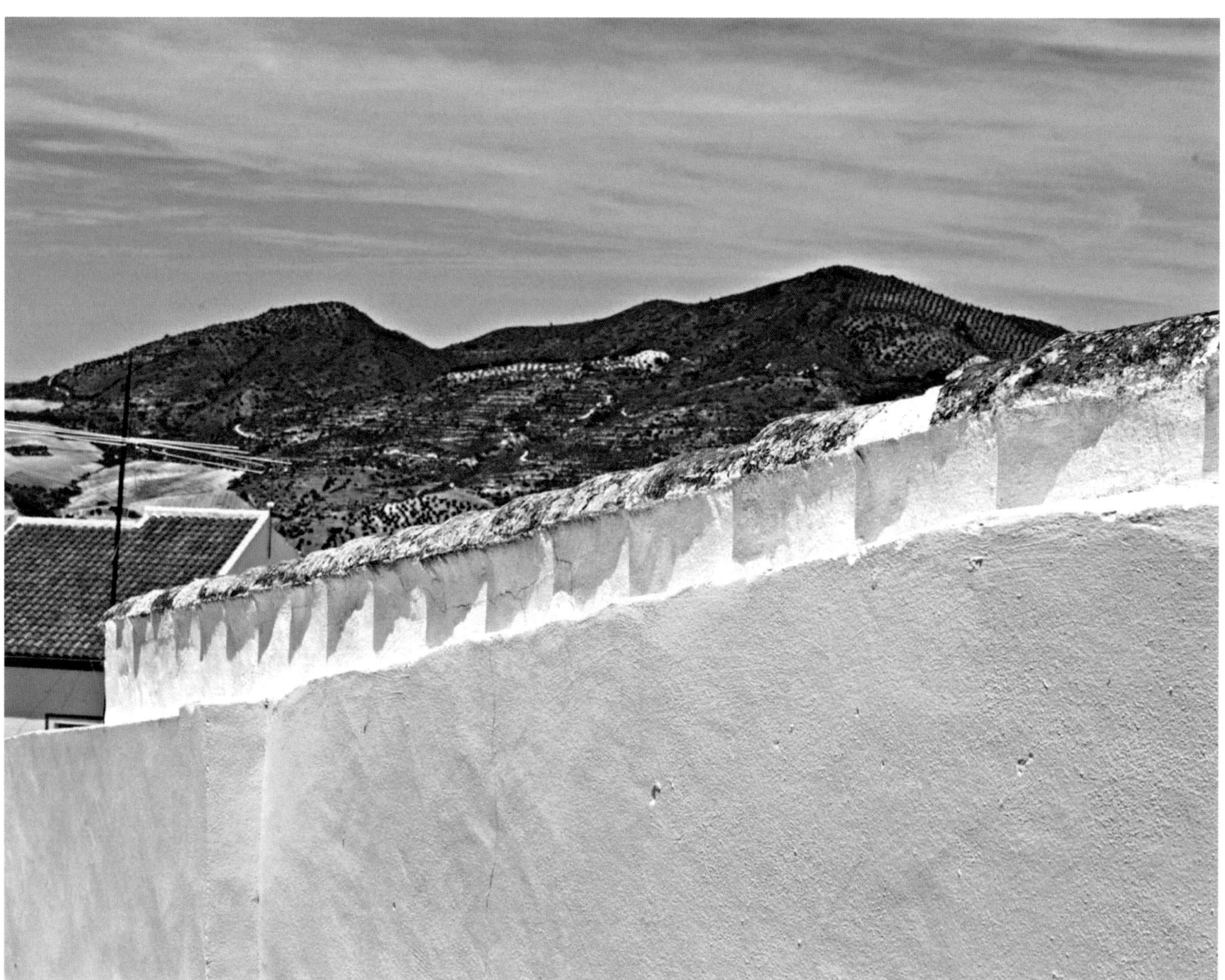

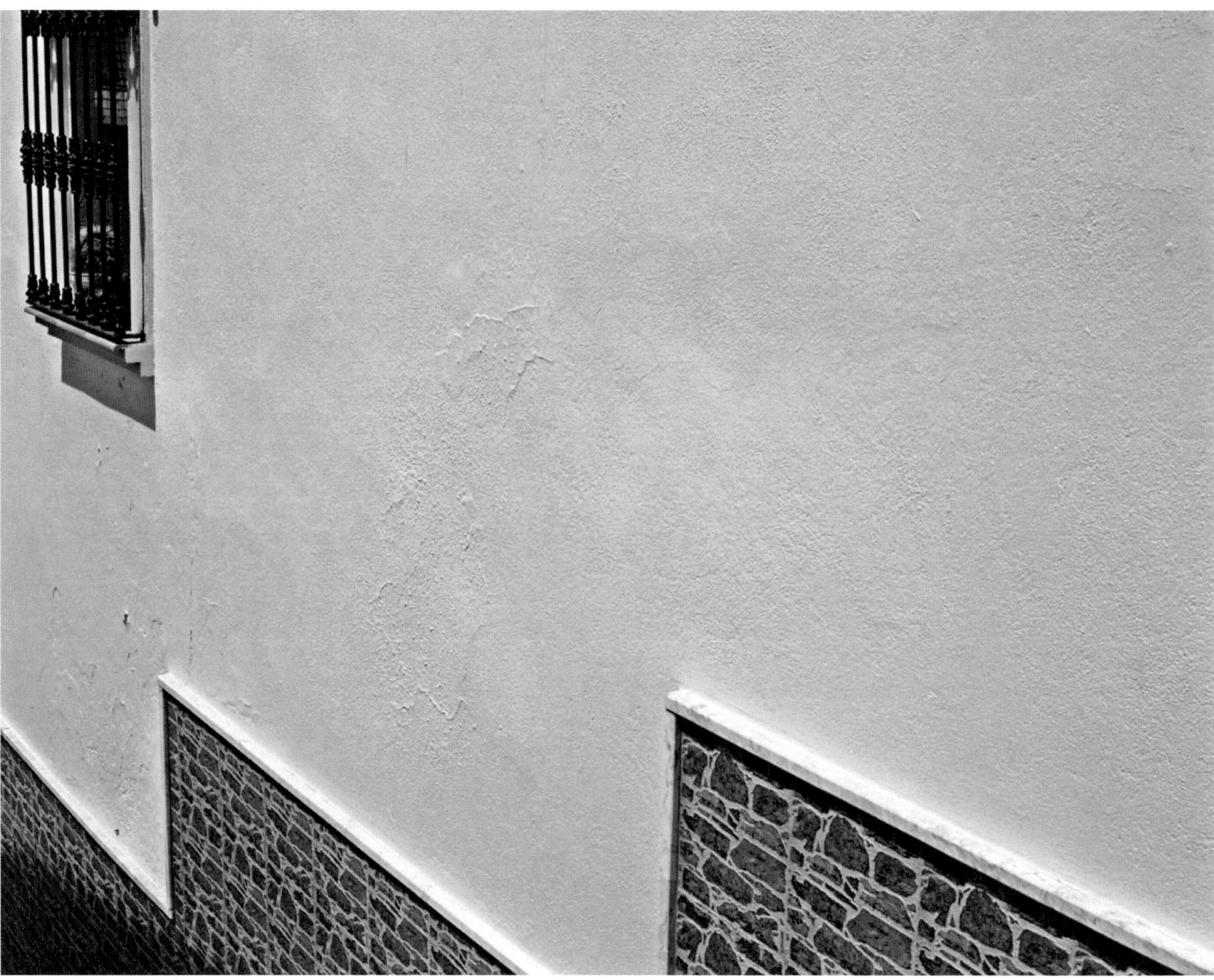

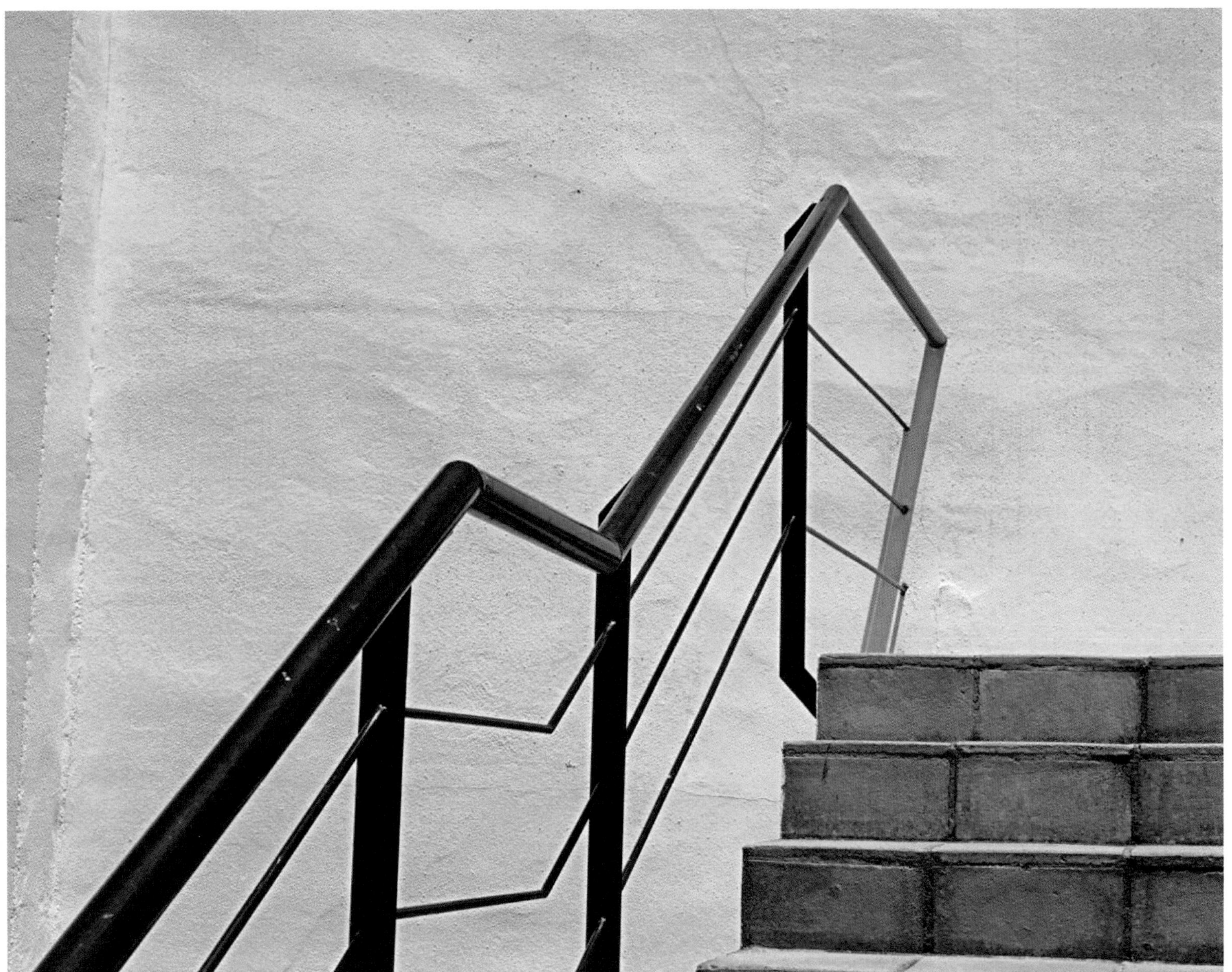

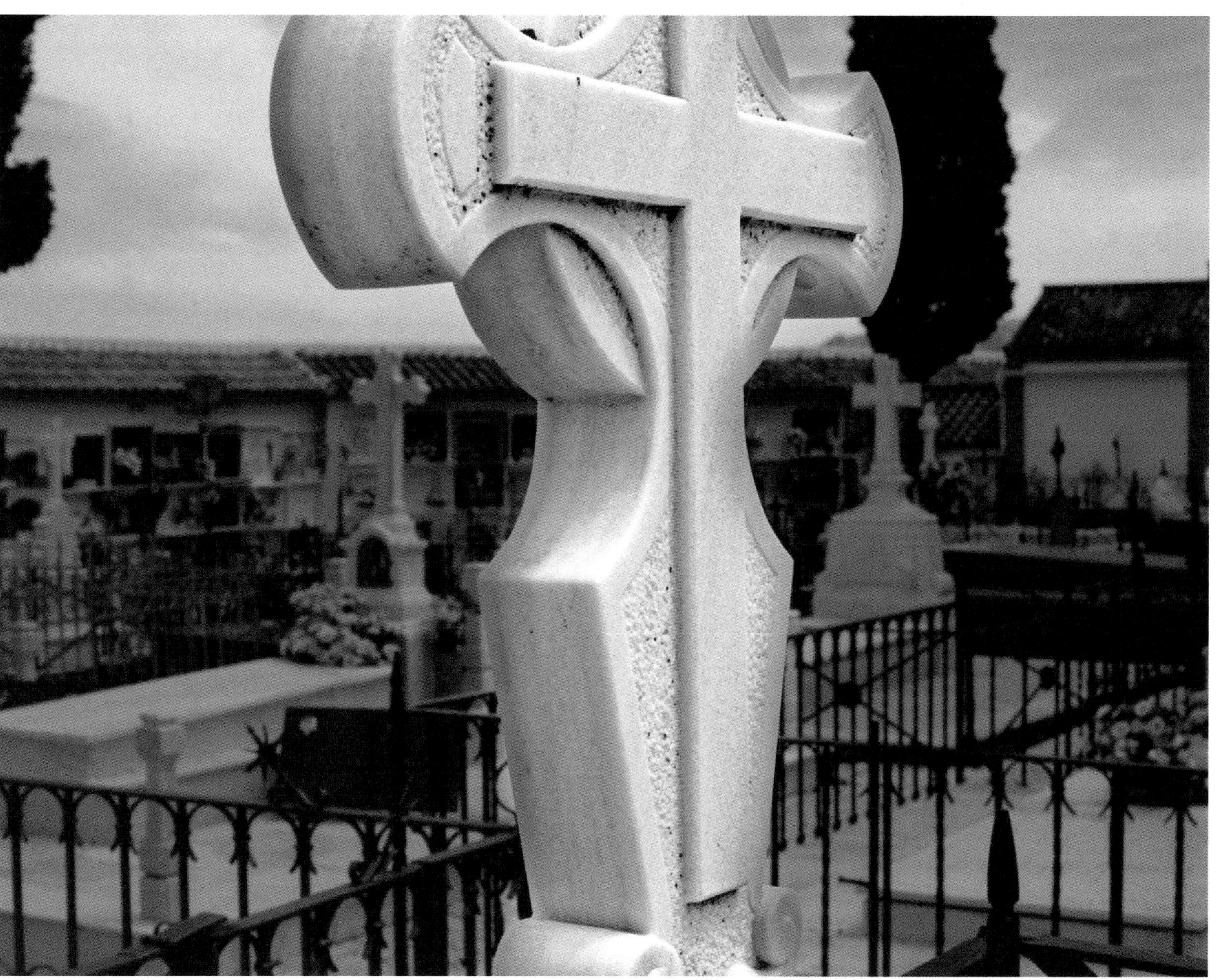

www.galeriapuntociego.com

amazon.es:
galería punto ciego

you tube:
galería punto ciego